KB043779

죄와 속죄의 저편

Jenseits von Schuld und Sühne.
Bewältigungsversuche eines Überwältigten
by Jean Améry

정복당한
사람의
극복을 위한
시도

죄와 속죄의 저편

Jenseits von Schuld
und Sühne

장 아메리 지음 — 안미현 옮김

P 필로소픽

| 일러두기 |

- 외국 인명 및 지명 표기는 국립국어원의 외래어표기법을 따르되,
  일부 예외는 통용되는 표기를 따랐다.
- 모든 주석은 역자가 작성한 것이다.

차 례

개정판을 내며

이 책을 처음 옮긴 지 그사이 꼭 십 년이 지났다. 그동안 장 아메리라는 작가가 국내 독자들에게 어느 정도 알려 졌는지, 이 책이 우리 사회에 미약하지만 어떤 직·간접적인 영 향을 미쳤는지 객관적으로 알아내기는 쉽지 않다. 역자로서 직 접적이고 구체적인 반응을 그다지 접하지 못했던 걸 보면, 아마 도 그 영향력이란 미미했던 것 같다. 그렇다 하더라도 이 책에서 다루어진 고문이나 원한, 홀로코스트 등의 문제는 오늘날에도 해결되지 않은, 여전히 뜨거운 주제임에는 틀림이 없다.

아메리와 같은 이들의 고백과 고발이 이어졌고, 독일 사회 가 오늘날까지도 이 문제들을 강박적으로 다루고 있는 까닭에 더 나쁜 상태에 이르지는 않은 것은 사실이지만, 시간이 흐를수 록 과거에 대한 기억의 강도나 기억의 방식은 달라지기 마련이 다. 아직도 완전히 근절되지 않은 나치즘의 잔재에 더하여 반이

슬람 정서도 그사이 간과할 수 없는 정치적 흐름으로 자리 잡았다. '독일을 위한 대안 정당' AfD Alternative für Deutschland 같은 극우 정당들의 부상은 비단 독일에 국한되지 않은, 영국과 프랑스 등 전 유럽 국가들의 현상으로, 그들은 이미 유럽 각국의 국내 정치나 유럽의회에 진출하여 자신들의 공공연한 목소리를 내고 있다. 나아가 유럽 사회의 이슬람화와 난민, 이주민을 반대하는 페기다Patriotische Europäer gegen die Islamisierung des Abendlandes 운동 또한 코로나 이후의 경제 위기와 맞물려 그 세력을 더 확산해 가는 중이다. 이들을 당시의 반유대주의와 곧바로 동일시하는 것은 무리가 있지만, 차별의 대상이나 형태는 더 다양해지고 광범해졌다.

'우리'와 다른 타자들에 대한 배타적, 적대적 태도와 구체적인 차별 행위, 그것이 다른 인종이나 종파에 관한 것이든, 전쟁 난민에 관한 것이든, 이른바 타자들에 대한 차별은 대상을 달리할 뿐 그 속에 작동하는 메커니즘은 대동소이하다. 혹시라도 내가, 우리가 가진 것을 빼앗길까 하는 조바심, 내가 누리는 혜택이 줄어들까 하는 우려 때문이 아닐까. 이런 측면에서 보자면 미래를 향한 아메리의 예언(자)적인 혜안이나 그런 세계 앞에서 그가 최종적으로 선택한 '자유 죽음'의 의미는 보다 분명해진다.

하지만 수도 없이 폭로된 홀로코스트의 비극도 전쟁과 살상에 대한 인간의 속성을 근절하지는 못한 모양이다. 전쟁이나 폭력에 대한 공포가 사라지기는커녕, 러시아-우크라이나 전쟁을 비롯하여 지금 우리 눈앞에서 펼쳐지고 있는 현실은 이전의 파국과 다를 바 없는 상태로 전 세계를 몰아넣고 있다. 한반도를 둘러싸고, 혹은 세계의 여기저기서 일촉즉발의 위기가 이 순간도 부단히 감지된다. 나아가 인류 전체의 생존을 위협하는 기후 위기, 생태 위기는 더는 SF 영화의 장면이나 환경론자들이 말하던 미래의 얘기가 아니라 매 순간 경험하는 눈앞의 현실이 되었다.

이 같은 여러 가지 의미에서 그사이 절판되었던 이 책을 다시 출판하고자 하는 필로소픽 출판사의 제안은 반가웠다. 비록 시간이 흘렀지만, 홀로코스트의 문제는 이미 지나간 과거의 사실이 아니라 현재에도 크고 작은 형태로 곳곳에서 반복되고, 게다가 우리에게는 위안부나 강제징용 문제 등도 여전히 해결되지 않은 첨예한 문제로 남아 있다. 아울러 베트남 전쟁에서 우리가 그곳 주민들에게 행한 행위들은 아직 논의조차 시작되지 않은 채 남아있지 않은가?

재출간을 위해 그의 글을 다시 읽으며, 모든 타협을 거부하는 아메리의 태도와 그것을 반영한 그의 글과 다시 마주한다. 이전과 다름없이, 일체의 감상이나 미사여구를 허용하지 않은 채, 전혀 치장되지 않은 그의 치열한 정신과 마주하고 있다는 인상을 새롭게 받는다. 그런 까닭인지 나 자신이 번역했던 글을 읽는 것도 쉽지 않았다. (번역)이론상으로는 매끄러운 번역이 곧 좋은 번역이 아니라는 주장을 여기저기서 해온 터이지만, 실제로 매끄럽게 읽히지 않는 글을 대하는 것은 독자의 입장에서는 곤혹스럽다. 그럼에도 그의 글이 더 부담 없이 잘 읽히기 위해 단어

8

를 첨가하거나 문장을 가공하는 일을 가급적 자제한 이유는 그것이 작가가 원하는 바가 아니라고 여겼기 때문이다. 두세 번씩 읽어야 비로소 이해가 갈 듯한 그의 글의 읽는 것은 그의 사유를 몇 차례고 곱씹어 봐야 한다는 것을 말하는 것이리라. 쉬운 독서, 편안한 독서가 최상의 책 읽기가 아닌 것은 분명하다.

아메리의 시대, 홀로코스트 희생자들의 시대는 지나갔다. 생물학적으로도, 물리적으로도 그들 대부분은 이미 세상을 떠났다. 하지만 아메리가 하고자 했던 말, 죽음에 이르기까지 끝끝내 타협하지 않고 역사적 진실을 직시하고 온몸으로 기억하려는 그의 태도나 주장은 여전히 현재성을 지닌다. 모든 형태의 부당한 희생자들에 대한 기억을 되살리고, 역사적 실체를 밝혀내며, 잊지 않기를 다짐하는 것은 어느 사회를 막론하고 다음 세대에게 주어진 역할이자 소명이리라. 또한 곳곳에 그런 치열한 정신을 가진 이들이 여전히 존재하리라는 믿음이야말로 세상을 오직 절망적으로만 바라보지 않게 하는 원동력이다. 이 책이 우리 사회의 배타성, 차별성, 적대성, 심지어는 잔혹성 등을 극복하는 데 미미한 도움이라도 되었으면 한다는 말은 너무 주제넘은 생각일까? 재출간을 결정한 필로소픽 출판사와 꼼꼼하게 수정과 교정을 맡아준 김하종 편집자에게 깊은 고마움을 전한다.

2022년 12월 안미현

1977년판 서문

이 책을 쓴 지 벌써 13년 이상의 시간이 흘렀다. 그런데 그 기간은 결코 좋은 시간이 아니었다. 국제사면위원회Amnesty International의 보고서만 살펴봐도, 이 기간이 역사적으로 최악의 시기, 정말로 반이성적이었던 시기와 겨룰 수 있을 만큼 끔찍한 일들이 많이 일어난 시기임을 곧바로 알 수 있다. 가끔 히틀러가 사후에 승리를 거둔 것이 아닌가 하는 느낌을 받기도 한다. 침략, 공격, 고문, 인간 본성에 대한 파괴 행위. 신호는 충분하다. 1968년 체코슬로바키아, 칠레, 프놈펜의 강제 이주, 소비에트 연방의 강제 노역장들, 브라질과 아르헨티나의 암살 특공대, 스스로를 '사회주의적'이라고 부르는 제3세계 국가들의 드러나는 진면모, 에티오피아, 우간다. 이 같은 때에 제3제국 희생자들이 처한 비인간적 상황에 대해 숙고하려는 나의 시도는 무슨 의미가 있을까? 모든 것은 지나간 것이 아닌가? 과연 내 텍스트에 개정이 필요하기라도 할까?

그럼에도 불구하고 당시에 쓴 글을 다시 읽으면서 나는 개정이란 하나의 기만일 뿐, 말하자면 시사성을 위한 저널리즘의 전략에 불과하다는 것과, 여기서 말했던 것 중 어떤 것도 삭제하기를 원치 않고 덧붙일 것도 별로 없다는 사실을 발견한다. 의심할 여지가 없다. 우리가 아무리 끔찍한 것을 경험했다 하더라도 오늘날까지 밝혀지지 않은 것, 이미 출판되었거나 앞으로 출판될 모든 성실한 역사적 · 심리적 · 사회학적 · 정치적 작업에도 불구하고 원칙적으로 밝혀질 수 없는 사실은 밝혀지지 않은 채 남아 있다. 내가 이 글에서 말한 것들이 1933년에서 1945년 사이에 비교할 수 없을 만큼 높은 지적 수준과 산업 생산력, 풍부한 문화를 갖춘 독일 민족에게서, '시인과 사상가'의 민족에게서 일어났다는 사실 말이다.

단일한 인과관계로만 설명하려 했던 모든 시도는 우스꽝스러울 만큼 실패로 돌아갔다. 여기서 아우슈비츠와 트레블링카Treblinka[1]라는 상징적 기호로 집약된 것이 이미 마르틴 루터에서부터 하인리히 폰 클라이스트[2]와 '보수적 혁명'을 거쳐, 마침내는 마르틴 하이데거에 이르는 독일의 정신사에 '독일 민족의 특성'으로 정초되어 있었다는 주장은 완전히 무의미하다. '파시

---

1 폴란드에 있는 절멸 수용소 중의 하나.
2 Heinrich von Kleist(1777~1811). 독일의 극작가 · 소설가 · 시인《깨어진 항아리》,《펜테질레아》와 같은 극작품과《미하엘 콜하스》등의 소설을 남겼다.

즘'이란 '후기 자본주의'의 가장 과도한 형태다, 라고 말하는 것
도 그다지 설득력이 없다. 베르사유조약이나 그로 인한 궁핍과
경제 위기가 국민을 나치즘 속으로 몰아넣었다는 설명 또한 유
치한 변명에 불과하다. 1922년 이후 다른 나라에도 실업자는 많
았으며, 그중에는 미국도 포함되지만, 미국은 히틀러가 아닌 프
랭클린 D. 루스벨트를 낳았다. 프랑스는 스당Sedan 전투 이후
'치욕적인 평화'를 맞았고, 그때 샤를 모라스[3]와 같은 국수주의
사상가도 있었지만, 최일선에는 드레퓌스 재판에서 군부 계급의
결속된 권력에 대항해 공화국의 존속을 변호했던 사람들이 있었
다. 비드쿤 크비슬링,[4] 안톤 무서트,[5] 레옹 드그렐,[6] 오스왈드 모
슬리[7] 경과 같은 사람이 국민에 의해 권좌에 오르지도 않았고,
명망 있는 대학 총장[8]에서부터 대도시 빈민 지역의 가난한 부랑
자에 이르기까지 동조하고 환호하는 국민은 없었다. 그런데 독

---

3 Charles Maurras(1868~1952). 프랑스 극우 단체인 악시옹 프랑세즈Action
Française를 결성하여 노골적인 반유대주의 정책을 설파했다. 종언 후 종신금
고형을 받았다.

4 Vidkun Quisling(1887~1945). 노르웨이의 정치가이자 군인으로 나치 점령
때 총리 대통령(총리에 해당)을 지냈다. 전후 사형 판결을 받고 총살당했다.

5 Anton Mussert(1894~1946). 네덜란드의 파시즘 지도자

6 Léon Degrelle(1906~1994). 벨기에의 국왕당 지도자로 제2차 세계대전 당
시 나치 독일에 협력했다.

7 Oswald Mosley(1896~1980). 제2차 세계대전 당시 영국 파시스트 지도자.

8 당시 프라이부르크 대학 총장이었던 하이데거를 말한다.

일 민족은 '포츠담의 날_{Tag von Potsdam}'에 앞서 이루어진 선거 결과를 무시하고 환호했다. 나도 그 자리에 있었다. 정신이 온전한 어떤 젊은 정치학도도 개념적으로 빗나간 그 역사를 내게 설명해 주지 않았고, 증인이었던 모든 사람에게 극도로 고지식하게 행동했다.

역사 기술은 언제나 개별 국면만을 볼 뿐, 나무 앞에서 숲을, 제3제국이란 독일의 숲을 보지 않는다. 그러나 그렇게 한다면 역사의 개념 자체는 쓸모가 없어질 것이고, 클로드 레비스트로스가《야생의 사고_{La pensée sauvage}》(1962)에서 한 말이 떠오른다. "역사적 사건의 끝에서는 모든 것이 오로지 물리적 과정의 연속으로 해체되고, 역사라는 말은 원래의 대상을 갖지 않는다."

한편으로는 독일에서 벌어진 과도한 악의 부패에 대해 그 어떤 것도 진정으로 설명해 줄 수 없기 때문에, 다른 한편으로는 그 악이 실제로는 (칠레나 브라질에도 불구하고, 프놈펜의 야수적인 강제 퇴거나 수카르노가 몰락한 후 100만 명에 가까운 인도네시아 "공산주의자"들의 살해, 스탈린의 범죄와 그리스 장교들의 악행에도 불구하고) 내적 논리 전반과 저주받은 합리성이란 점에서 일회적이고 환원 불가능한 것이기 때문에, 우리 모두는 여전히 어두운 수수께끼 앞에 서 있다. 그것이 어느 개발도상국에서 일어난 일이 아니고, 소비에트 연방과 같은 독재 정권과 직접적인 연속성을 가진 것도 아니며, 로베스피에르의 프랑스처럼 존속을 위해 불안에 떠는 혁명의 피비린내 나는 투쟁에서 일어난 것도 아니라는 것을 우리는 알고 있다. 그것은 독일에서 일어났다. 그 것은 자연을 거역해서 무성생식無性生殖에 의해 생겨난 것 같았다. 경제학적으로 설명하려는 모든 시도, 예컨대 독일의 산업자본가 들이 자신들의 특권을 고수하기 위해 히틀러에게 자금을 지원했 다고 하는 한심할 정도로 일차원적인 설명은 목격자들에게 아무 것도 말해 주지 못하고, 계몽의 변증법과 같은 세련된 사변도 마 찬가지로 아무것도 말해 주지 않는다.

그래서 나는 13년 전 이 글을 쓸 당시 이것을 설명하기 위해 노력하지 않았고, 오늘날에도 그때와 마찬가지로 나의 증명서 외에는 아무것도 내놓을 것이 없다. 그 밖에도 이 순간의 나에 게는 과거와 마찬가지로 제3제국이 중요하지 않다. 나를 사로잡 는 것, 내가 말할 자격이 있는 것은 그 제국의 희생자들이다. 나 는 그들을 위해 기념비를 세우기를 원치 않는다. 희생자라는 사 실만으로 명예가 주어지는 것은 아니기 때문이다. 나는 다만 변 할 수 없는 그들의 상황을 기술하고 싶었을 뿐이다. 그래서 나는 1966년에 발표한 텍스트를 그대로 두었다. 〈유대인 되기의 강제 성과 불가능성에 대해〉라는 장에 아주 사소한 것을 덧붙였을 뿐 인데, 시대가 그것을 원했기 때문이다.

내가 원고를 쓰고 그것을 끝냈을 때, 독일에는 반유대주의 가 없었다. 더 정확히 말하면 반유대주의가 감히 일어나지 못했 다. 사람들은 유대인 문제에 침묵하거나 아니면 성급한 친유대 주의로 스스로를 구제하려 했는데, 이 친유대주의란 점잖은 희생자들에게는 상당히 민망한 것이지만, 자신의 존재를 숨기지 않아도 되는 덜 점잖은 희생자들에게는 독일인의 보잘것없는 양심과 손잡고 이익이 되는 사업을 할 수 있는 절호의 기회였다. 상황이 바뀌었다. 낡고도 새로운 반유대주의가 대담하게도 다시 혐오스러운 고개를 들었지만, 그것은 더 이상 사람들의 분노를 불러일으키지도 않았고, 주변부나 독일에서만이 아니라 유럽 대부분의 나라에서도 마찬가지였다. 정직한 네덜란드와 같은 아주 소수의 예외를 제외하고는 말이다. 희생자들은 세상을 떠났지만, 원래 그렇듯이 희생자는 이전부터 넘치도록 많았다. 형리刑吏들도 다행히 생물학적 소멸 법칙에 따라 세상을 떠났다. 그러나 언제나 출신과 주변 세계에 의해 성격이 규정되는 양쪽 진영에서, 혹은 그 사이에서 새로운 세대들은 자라나고, 메워질 수 없는 해묵은 틈새가 다시금 벌어진다. **시간**이 언젠가 그 틈새를 메울 것이란 점은 확실하다. 그러나 게으르고, 사려 깊지 못하고 근본적으로 잘못된 화해가 이루어져서는 안 되며, 그것은 이미 나타나고 있는 현상을 가속화시킨다. 반대로 **도덕적**인 틈새가 잠정적으로 넓게 벌어져 있고, 이것이 이 책의 개정판을 내는 이유이기도 하다.

내게 중요한 것은 독일의 젊은이들, 교양 있고 근본적으로 관대하며 유토피아를 추구하는, 다시 말해 **좌파** 젊은이들이 나의 적이자 그들의 적에게로 부지중에 넘어가지 않는 것이다. 이 젊은이들은 너무 성급하게 '파시즘'에 대해 말한다. 그들은 당시의 현실을 단지 조악하게 생각해 낸 이데올로기의 잣대만으로 재고 있다는 사실이나, 서독의 현실이 분노할 만한 부당함—'급진주의자 공직배제 지침 Radikalenerlass'이라는 법률 제정—을 자신 속에 숨기고 있어 시급히 수정이 필요하다는 것을, 그러나 바로 그 때문에 그 나라가 파시스트적이 아니라는 것을 인식하지 못한다.

모든 민주주의가 언제나 그런 것처럼 서독은 자유주의국가로서 심각할 정도의 위험에 처해 있다. 그것은 민주주의의 단점이고, 위험이며 명예이기도 하다. 한때 독일의 자유가 몰락하는 것을 함께 바라보았던 사람들은 보다 깨어 있어야 한다는 것을 누구보다 잘 알고 있다. 이 시대의 연대기 기록자들은 이 깨어 있음이 결국에는 민주적 자유를 교살하는 푸주한의 투박한 손에 의해 마비된 법률로 바뀌어서는 안 된다는 것을 안다. 그러나 독일의 젊은 좌파 민주주의자들이 자신의 나라를 반쯤 파시스트적인 사회로 볼 뿐 아니라 그들의 말에 따르면 모든 '형식적인' 민주주의를 (그중에는 끔찍한 위험에 처해 있는 난쟁이 나라 이스라엘도 물론 포함된다!) 파시스트적이고 제국주의적이고 식민주의적이라 간주하고 그에 맞춰 행동한다면, 나치의 공포에 사로잡혀 있는 동시대인은 한 지점에 도달한 셈이 된다. 그 지점이란 무슨 영향을 끼치든 간에 개입할 의무를 지닌다는 것이다. 정치적 희생자이자 유대인으로서의 나치 희생자인 내가 그랬고 지금도 그런 것처럼 반시온주의의 깃발 아래 해묵은 반유대주의가 다시금 꿈틀거린다면 침묵할 수 없다. 유대인이 되는 것이 가능하지 않음은 유대인이 되어야 하는 강제성을 낳고, 그 강제성은 격렬하게 저항하게 만든다. 그래서 전적으로 부자연스러운 동시에 현안적이지 않으면서도 지극히 현안적인 이 책은 단순히 **실제적 파시즘**과 일회적인 **나치즘**이 무엇이었는지에 대한 증거일 뿐 아니라 독일 젊은이들에게 그것에 대해 스스로 생각하도록 촉구한다. 반유대주의는 매우 깊이 뿌리박힌 집단 심리이며, 마지막에는 어쩌면 망각된 종교적 감정과 원한으로 귀결되는 하위구조를 지니고 있다. 그것은 언제라도 구체화될 수 있다. 놀랍게도 독일의 한 대도시에서 열린 팔레스타인을 위한 시위에서 '시오니즘'이 (사람들이 이 정치적 개념으로 무엇을 이해하든 간에) 세계의 페스트로 비난받을 뿐 아니라, 흥분한 젊은 반파시스트들이 '유대민족에게 죽음을'이란 힘찬 구호를 통해 스스로를 천명하는 것을 경험했을 때 나는 더 이상 놀라지 않았다.

우리 같은 사람들은 그것에 익숙해 있다. 우리는 말이 어떻게 육신이 되고, 육신이 된 말이 결국은 어떻게 층층이 쌓인 시체가 되는지를 목격한 바 있다. 그곳에서는 다시 한번 많은 사람을 위해 공중에 무덤을 파는 불장난을 하게 될 것이다. 나는 화재 경보를 울린다. 1966년 내 책이 처음 출판되었을 때, 그리고 1939년 이 세상을 죽음으로 이끌었던 저 사람들, 곧 오래되고 새로운 나치, 비합리주의자, 파시스트들, 그 반동적인 무리를 나의 자연적인 적으로 여기고 있던 때에는 그것을 꿈도 꾸지 못했다. 오늘 내가 나의 자연스러운 친구들, 좌파 젊은이들에게 제기하려는 것은 무리한 '변증법' 그 이상이다. 그것은 모든 역사적 사건의 의미를 의심하고 결국에는 좌절하게 만드는 세계사의 저 사악한 소극笑劇중의 하나이다. 근절되지 않는 보수 진영의 나이 들고 어리석은 사람들은 독일의 베스트셀러 작가에게 창을 겨누고, 젊은 몽상가들은 프랑스 백과전서학파로부터 영국의 경제 이론가들을 거쳐 두 전쟁 사이의 독일 좌파 지식인들이 그들에게 전해 준 계몽의 유산 모두를 간과해 버린다.

계몽. 그것과 함께 핵심어는 말해졌다. 앞에 있는 생각들은 이미 10년도 더 전에 나왔고, 오늘날에도 여전히 사람들이 시민적인 동시에 사회주의적이라고 부를 수 있는 계몽에 봉사하기를 나는 희망한다. 여기서 물론 계몽의 의미를 방법론적으로 너무 좁게 파악해서는 안 된다. 내가 이해한 대로라면 그것은 논리적 연역이나 경험적 진리증명 이상의 것이고, 오히려 이 두 가지를 넘어 현상학적 고려, 곧 공감Empathie과 이성의 한계에 접근하기 위한 의지와 능력을 포함한다. 이제 우리가 계몽의 법칙을 완수하는 동시에 뛰어넘으려면, 우리는 정신적으로 '이성la raison'이 천박한 불평으로 이어지지 않는 공간에 도달해야 한다. 그것이 내가 과거에나 지금에나 구체적인 사건에서 출발하는 이유이며, 구체적인 사건에서 결코 나를 잊어버리지 않고, 그것을 이성과 사변의 유희를 넘어서는 성찰을 위한 동기로 삼는 이유이다. 그 너머에는 불확실한 어스름만이 있고, 앞으로도 있을 것이며,

18

나는 그 어스름에 빛을 부여하기 위해 노력하기 때문이다. 그러나 여기서도 주장할 수 있다. 계몽Aufklärung은 **해명**Abklärung이 아니라고 말이다. 이 작은 책이 인쇄되었을 때 나는 해명되지 않았고, 지금도 그렇고, 앞으로도 결코 해명되지 않기를 바란다. 해명이란 우리가 역사적인 서류로 만들 수 있는 상황의 해결, 곧 합의Abmachung이다. 내 책은 바로 이것을 막는 것에 기여할 것이다. 어떤 것도 해결되지 않았고, 어떤 갈등도 해소되지 않았으며, 어떤 내면화하기Er-innern도 단순한 기억Erinnerung이 되지 않았다. 일어났던 것은 일어난 것이다. 그러나 일어났던 것을 단순히 받아들일 수는 없다. 나는 저항한다. 나의 과거에 대해, 역사에 대해 불가해한 것을 역사적으로 냉동시켜 버리고 그렇게 해서 화가 치밀 정도로 왜곡시키는 현재에 대해서 말이다. 어떤 상처도 아물지 않았다. 어쩌면 1964년에 치유될 수 있었던 상처가 다시금 곪아 터지고 있다. 감정적이라고? 맞는 말이다. 그러나 계몽에 감정이 없어야 한다고 어디에 적혀 있나? 내게는 오히려 그 정반대가 진실해 보인다.

계몽은 열정을 가지고 작업할 때에야 비로소 자신의 과제에 정당해질 수 있다.

브뤼셀, 1976년 겨울
장 아메리

❚ 1966년판 서문

1964년 프랑크푸르트에서 아우슈비츠 재판이 시작되었을 때, 나는 20년간의 침묵 끝에 제3제국에서의 나의 체험에 관련된 첫 에세이를 썼다. 처음에는 계속 쓸 생각이 전혀 없었고 단지 특수 문제, 곧 집단수용소에서의 지식인의 상황에 대해서만은 분명히 밝히려고 했다. 그러나 그 에세이가 완성되었을 때 나는 거기서 끝내는 것은 불가능함을 깨달았다. 아우슈비츠, 내가 어떻게 그것에 이르렀는지, 그 전에 무슨 일이 일어났으며, 그 후에는 무슨 일이 뒤따랐는지, 내가 오늘 어떻게 여기 서 있는지를 밝혀야만 했다.

침묵하고 있는 동안에 내가 독일의 운명이자 나 자신의 운명인 그 12년간의 시간을 잊었다거나 떨쳐버렸다고 말할 수는 없다. 나는 20년간 줄곧 잃어버릴 수 없는 시간을 찾고 있었지만, 그것에 대해 말하는 것이 어려웠을 뿐이었다. 그러나 아우슈비츠에 관한 에세이를 쓰면서 풀기 힘든 마법이 풀린 것처럼 보였고, 갑자기 모든 것이 말해지기를 원했다. 그렇게 해서 이 책이 태어났다. 그때 나는 많은 생각을 했지만, 분명하게 말해진 것은 너무 적다는 것을 알았다. 집필하는 동안에야 비로소 내가 이전에 반쯤 아는 상태로, 언어적 표현의 문턱에서 머뭇거리던 몽상적인 생각 가운데 분명하게 꿰뚫어 보지 못했던 것이 드러나기 시작했다.

그러자 곧 방법도 떠올랐다. 아우슈비츠에 관한 글의 처음 몇 줄에서 내가 생각했던 것, 말하자면 조심스럽게 거리를 두고자 하며, 철저히 객관적으로 독자들에게 나아가려고 했던 것은 한마디로 불가능하다는 것을 나는 이제야 깨닫게 되었다. '내'가 철저히 피해야 하는 곳에서 그것은 유일하게 사용할 만한 준거점으로 나타났다. 나는 사변적이고 에세이적인 작업을 계획했지만 숙고한 끝에 중단했고, 그 대신 개인적인 고백으로 이어졌다. 주제에 관해 이미 나와 있는, 부분적으로는 탁월한 많은 기록에 또 하나를 덧붙이는 것이 얼마나 무의미한지를 나는 곧바로 깨달았다. 하지만 나는 고백하고 숙고하는 동안 한 연구에 도달했고, 이렇게 말해도 된다면 희생자라는 존재의 본질을 기술하는 데 이르렀다.

그것은 구태의연할 정도로 잘 알려진 것, 그런데도 여전히 낯설게 남아 있는 것 속으로 힘들게 더듬어 나가는 긴 작업이었다. 그래서 이 책의 글들은 사건의 연대순으로 배열된 것이 아니라 쓰인 순서대로 배열되어 있다. 나와 동행하기로 마음먹은 독자는 내가 나아가는 어둠 속으로 나와 같은 리듬으로 한걸음씩 동행해야 할 것이다. 거기서 독자 역시도 나 자신이 빠져 있는 모순에 부딪치게 될 것이다. 나는 고문에 대한 글에서는 '존엄'이란 개념에 어떤 의미를 부여할지가 여전히 불확실했지만, 나중에 유대인에 관한 논문에서 존엄이란 '사회에 의해 부여된 삶에 대한 권리'라고 인식하게 되면서 그 문제를 해결할 수 있었다. 마찬가지로 나는 아우슈비츠와 고문에 관해 쓰는 동안에는 나의 상황이 '나치 희생자'란 개념 속에 완전히 포함되지 않는다는 것을 여전히 똑바로 파악하지 못했다. 그것을 끝내고 유대인이 되는 강제성과 불가능성에 대해 생각하게 되었을 때야 비로소 나는 **유대인** 희생자라는 이미지 속에서 나 자신을 찾아냈다.

충분하지는 않지만 솔직하다고 장담해도 좋은 이 페이지들 속에서 죄에 대해 그리고 속죄에 대해서도 많은 말을 하면서, 나는 나 자신이나 다른 사람들의 감정을 더 이상 숨기고 싶지 않았다. 그럼에도 불구하고 나는 이 글들이 죄와 속죄의 문제 저편에 놓인 하나의 결과물이라고 믿는다. 사람들이 제압당한 사람에게 요구한 대로 썼을 뿐이다.

나는 이 책에서 내 운명의 동반자들을 쳐다보지 않는다. 그들은 답을 알고 있다. 그들 각자는 자신의 방식대로 체험의 짐을 져야 한다. 나는 우리를 제압한 다수 중에서 너무나 어둡고도 특수한 제3제국의 행위에 의해 충격을 받지 않았거나 이제는 더 이상 느끼지 않는 독일인에게 그들이 이전에 접하지 못한 많은 것을 여기서 이야기할 것이다. 마지막으로 나는 이 작업이 좋은 결과를 가져오기를 바란다. 그렇다면 이 책은 서로 이웃이기를 원하는 모든 사람에게 적당한 책이 될 것이다.

브뤼셀, 1966년

장 아메리

An den Grenzen
des Geistes

정신의 경계에서

내게 호의적인 한 친구에게 아우슈비츠에 있던 지
식인에 대해 말하려는 내 계획을 밝히자, 그는 "조심하게나."라
고 충고했다. 그리고는 그 친구는 아우슈비츠에 대해서는 가급
적 적게 다루고, 정신적인 문제에 대해서는 가급적 많이 다루라
고 거듭 당부했다. 게다가 가능하면 아우슈비츠라는 단어를 제
목에 넣지 않는 것이 좋을 것이라고 덧붙였다. 독자들은 이 지리
적 · 역사적 · 정치적 용어에 대해 알레르기 반응을 보인다는 것
이다. 그뿐 아니라 아우슈비츠에 관해서는 이미 충분한 책과 여
러 형태의 기록이 있으며, 그것의 잔혹함에 대해 보고하려는 사
람들은 그 어떤 새로운 것도 말해 줄 수 없다는 것이다. 나는 그
친구 말이 맞는지 확신할 수 없고, 그래서 그의 충고를 따르지
않으려 한다. 나는 아우슈비츠에 관한 글이 본Bonn 연방의회나
전자 음악에 관해서만큼 많이 쓰였다는 느낌을 받지는 않는다.
게다가 나는 아우슈비츠에 관한 책들을 상급학교 고학년의 필독

서로 채택하는 것이 필요하지 않을지, 정치적 정신사를 좇으려면 더 많은 고려를 해야 하는 것은 아닌지 늘 생각한다. 내가 여기서 단순히 아우슈비츠에 대해 말하려고 하는 것이 아니라는 것, 그것에 대해 기록적인 보고를 하려는 것이 아니라 아우슈비츠와 **정신의 관계에 대해 말하려 한다는** 것은 사실이다. 사람들이 혐오라고 부르는 것, 그것에 대해 베르톨트 브레히트[1]가 이전에 심장은 강하고 신경은 약하다고 말한 그 단계로 완전히 내려가지는 않을 것이다. 나의 주제는 정신의 경계라 할 수 있는데, 그 경계가 하필이면 사랑받지 못하는 혐오스러운 것을 따라 그어지는 것이 내 책임은 아니다.

내가 지식인에 관하여, 혹은 앞에서 말한 것처럼 아우슈비츠에 머물렀던 '정신적인 사람들'에 대해 말하기 위해서는 나의 연구 대상인 지식인에 대해 먼저 정의를 내려야 할 것이다. 내가 사용한 단어적 의미의 지식인 혹은 정신적인 인간이란 과연 누구일까? 이른바 지적인 직업을 가진 모든 사람을 말하는 것은 분명 아닐 테다. 공적인 고등교육은 아마도 그것에 대한 필요조건이긴 하겠지만, 충분조건은 아니다. 지적이고 자기 분야에서 탁월하지만 그럼에도 지식인이라 부르기는 어려운 변호사, 엔지니어, 의사 또는 문헌학자를 우리는 안다. 내가 여기서 말하는

---

1 Bertolt Brecht(1898~1956). 독일의 극작가이자 시인. 주로 사회주의 계열의 작품을 썼다.

지식인이란 넓은 의미에서 정신적인 준거 체계 Referenzsystem 속에 살고 있는 사람이다. 그의 연상 공간이란 본질적으로 인문주의 적이거나 정신과학적인 것이다. 그는 잘 정리된 미학적 의식을 갖추고 있다. 그의 호기심과 자질은 그 자신을 추상적인 사고 과정으로 이끌고 간다. 그의 내부에서는 기회가 있을 때마다 정신사적 영역에서 유래된 일련의 상상이 일어난다. 누군가 그에게 '릴리엔 Lilien'이란 음절로 시작하는 유명인사가 누구인지 묻는다면, 글라이더 Gleitflug의 설계자인 오토 폰 릴리엔탈 Otto von Lilienthal 이 아니라 시인인 데틀레프 폰 릴리엔크론[2]을 떠올릴 것이다. '사회 Gesellschaft'란 주제어를 주면, 그는 그것을 '사교적 mondän' 으로 이해하는 것이 아니라 '사회학적'으로 이해한다. 그는 쇼트 Kurzschluss에 이르는 물리적 과정에는 관심이 없다. 그러나 그는 궁정적 향토시인인 나이트하르트 폰 로이엔탈[3]에 대해서는 제대로 알고 있다.

위대한 서정시의 구절을 암송하는 사람, 르네상스와 초현실주의의 유명 회화를 꿰뚫고 있는 사람, 철학사와 음악사에 대해 정통한 사람, 정신의 현실과 효과를 강조하거나 그것의 무용성을 밝히는 이 자리에서 그런 지식인들을 한계 상황이라 할 수 있

---

2 Detlev von Liliencron(1844~1909). 독일 자연주의 서정시인이자 극작가.
3 Neidhart von Reuenthal(1180~1250). 13세기 초반에 활동한 중세의 서정 시인.

는 아우슈비츠에 내세우게 될 것이다.

그러나 그것을 위해 나는 당연히 나 자신을 검토할 것이다.

이중적 특성을 가진 나는 유대인이면서 벨기에 레지스탕스의 소속대원으로 부헨발트 Buchenwald, [4] 베르겐-벨젠 Bergen-Belsen [5]과 다른 집단 수용소 외에도 아우슈비츠에서도, 더 정확히 말하면 아우슈비츠-모노비츠란 옆 수용소에서 1년 동안 머물렀다. 그래서 여기서는 나의 개인적 체험을 다른 사람에게도 적용시킬 수 없는 곳에서는 '나'란 단어가 원하는 것보다 더 자주 등장할 것이다.

이 같은 맥락에서 우선 지식인의 **외적인** 상황, 다시 말해 다른 직업을 가진 정신적 업무의 수행자와 공유할 수 없는 상황을 고려해야 한다. 그것은 좋지 않은 상황으로 노동 투입이라는 삶과 죽음을 결정하는 문제에서 가장 극명하게 드러난다. 아우슈비츠-모노비츠의 기능공들은 이유는 자세히 알 수 없지만, 즉각 가스 처형을 당하지 않는 한 대부분은 그들의 직업에 따라 분류되었다. 말하자면 열쇠공은 특권적인 사람이다. 그들은 곧 세워질 IG 화학공장에 투입될 수 있었는데, 지붕이 있는 작업장에서 악천후에 시달리지 않고 일할 기회를 가질 수 있기 때문이다. 그

---

4 독일 바르마르 인근에 있던 절멸 수용소. '부헨발트'는 너도밤나무 숲이란 뜻이다. 1938~45년까지 운영된 이곳에는 24만여 명이 수용되고 6만여 명이 목숨을 잃었다.
5 나치 독일의 집단 수용소. 여러 집단 수용소 가운데서도 가장 비참했으며,《안네의 일기》로 유명한 안네 프랑크Anne Frank도 이곳에서 죽었다.

같은 것은 전기공, 설치공, 가구공이나 목수에게도 적용된다. 재단사나 구두 수선공이었던 사람들은 친위대원이 일하는 방으로 들어갈 행운을 누릴 수도 있었다. 미장이나 요리사, 라디오 기술자, 자동차 정비공에게는 견딜 만한 일자리, 그와 더불어 살아남을 최소한의 기회가 주어졌다.

지적인 직업을 가졌던 사람들의 상황은 달랐다. 수용소에서는 천민 프롤레타리아에 속했던 장사꾼과 같은 운명이 기다리고 있었다. 말하자면 땅을 파고, 케이블을 묻고, 시멘트 포대나 쇠로 된 들보를 운반하는 작업반에 배당되었다. 수용소에서 그들은 야외에서 자기 몫의 일을 할 때도 자격 미달의 노동자가 되었는데, 그것과 더불어 그에 대한 판단이 이미 내려진 셈이다. 물론 여기에도 차이는 있었다. 일종의 모델로 선택된 아우슈비츠 수용소에서 화학자들은 그들의 본래 직업으로 투입되었는데, 이곳에 대해《이것이 인간인가 Se Questo è un Uomo》(1958)를 썼던, 나의 바라크 동료인 토리노 출신의 프리모 레비Primo Levi처럼 말이다. 의사들은 이른바 병동에서 일할 기회를 얻을 수 있었지만, 물론 모두는 아니었다. 예를 들면 오늘날 세계적으로 유명한 심리학자인 빈 출신의 의사 빅토어 프랑클Viktor Frankl 박사는 수년 동안 아우슈비츠-모노비츠에서 토목 공사장 인부로 일했다. 일반적으로 지적인 직업을 가졌던 사람은 작업장에서는 곤란한 상황에 처했다. 많은 사람들은 자신의 직업을 숨기려고 애를 썼다. 약간의 솜씨나 만드는 일에 재주가 있다면 대담하게 자신을 기능공이라고 말할 수 있지만, 거짓말이라는 것이 들통나게 되면 경우에 따라서는 목숨을 잃을 수도 있었다. 대다수는 당연히 직업을 낮춰서 속임으로써 자신들의 행운을 시험했다. 고등학교나 대학 강단에 섰던 사람들은 직업에 관한 질문을 받으면 창피한 듯 '교사'라고 말했는데, 친위대원이나 카포Kapo[6]의 광폭한 분노를 불러일으키지 않기 위해서였다. 변호사는 단순한 서기라고 자신을 숨기고, 기자는 기능공으로서의 능력을 증명해야 할 위험이 없으면 아마도 인쇄공이라고 말했을 것이다. 그렇게 해서 대학교수, 변호사, 도서관 직원, 예술사가, 경제학자, 수학자들은 선로나 파이프, 목재를 운반했다. 그들 대부분은 그 일을 처리하는 능력이 형편없을 뿐 아니라 보잘것없는 체력을 보여줌으로써 노동과정에서 탈락했기 때문에, 가스 처형실과 화장터가 있는 인접한 중앙수용소로 갈 때까지 견뎌내는 경우가 드물었다.

작업장에서의 상황이 어려웠다면 숙소에서의 상황도 낫지는 않았다. 숙소 생활은 무엇보다 신체적인 숙련됨과 잔인함에 가까운 심리적인 강인함을 필수로 요구했다. 이 두 가지에 대해 정신노동자들이 축복받은 경우는 드물었고, 신체적인 것을 대신해서 종종 사용해 보려고 하는 도덕적 용기는 도무지 무용지물이었다. 바르샤바 출신의 전문 소매치기가 우리의 구두끈을 훔치지 못하도록 막는 것이 중요하다고 가정해 보자. 상황에 따라

---

6 작업반Kommando의 반장을 말한다.

서는 어퍼컷 한 대를 날리는 것이 도움이 되겠지만, 호감을 사지 못하는 기사를 보도함으로써 자신의 목숨을 위협에 빠뜨리는 정치부 기자가 보여주는 정신적 용기 따위는 전혀 도움이 되지 않는다. 변호사나 고등학교 교사가 기가 막히게 어퍼컷을 날릴 줄 아는 경우는 아주 드물거나, 오히려 주먹세례를 받는 경우가 더 허다했고, 그것을 받는 데서는 주는 것에서보다 더 미숙하다는 말을 하는 것은 불필요할 것이다. 숙소 규율에 관한 문제에서도 상황은 마찬가지로 불리했다. 지적인 직업을 가졌던 사람은 이른바 '침대 쌓기'에도 대체로 허술하고 빈틈을 보였다. 나는 학식 있고 교양 있는 동료들을 기억하는데, 그들은 아침마다 진땀을 흘리면서 짚단이나 이불과 씨름했지만 무엇 하나 제대로 하지 못했고, 그 때문에 이후에 작업장에서 돌아올 때까지 매질을 당하거나 급식을 제한하는 처벌을 받지 않을까 강박적인 두려움에 시달렸다. 그들은 침대를 제대로 쌓을 줄도 몰랐고, 깍듯이 "모자 벗어!"도 할 수 없었으며, 구역의 고참이나 친위대원 앞에서 헌신적이면서도 자의식에 찬 간결한 어투로 상황에 따라 닥쳐오는 위험을 피할 줄도 몰랐다. 그래서 그들은 작업장에서 평범한 노동자나 카포들에게 그랬던 것처럼, 숙소에서도 감독과 동료들의 존경을 받지 못했다.

그들이 **친구**를 사귀지 못한다는 것은 상황을 더 어렵게 했다. 대부분의 경우 그 사람들은 쌍방의 이해를 위해 유일하게 사용되는 수용소의 비속어를 구사하는 것이 심리적으로 가능하지 않았다. 오늘날 정신적 논쟁에서 사람들은 동시대인과의 의사소통의 어려움이나 차라리 말하지 않는 것이 나은, 심한 횡포에 대해 말한다. 수용소에서는 정신적인 사람들과 그렇지 않은 동료들 사이에 의사소통의 문제가 **존재했다**. 그것은 실질적이고 고통스러운 방식으로 나타났다. 어느 정도 차별화된 표현 방식에 익숙해진 죄수들에게도 "꺼져 버려 Hau ab!"라고 말하거나, 동료 수감자들을 "병신Mensch"이라고 부르려면 상당한 자기극복의 노력이 필요했다. 평소에는 아주 단정하고 사교적인 동료가 나에게 "이 사람mein lieber Mann"이라는 말 외에는 다른 말을 하지 않을 때마다 나를 사로잡던 극심한 신체적인 반감을 나는 잘 기억한다. 지식인들은 '퀴헨불레Küchenbulle'[7]나 '오르가니지렌organisie-ren'[8]이라는 표현 때문에 (그것이 물건에 대한 불법적인 소유를 의미한다면) 괴로워하고, 심지어는 '호송하다auf Transport gehen'라는 단어를 입에 올리는 것을 어려워하거나 망설인다.

이렇게 해서 나는 수용소 생활의 심리학적이고 실존적인 근본 문제와 처음에 묘사한 좁은 의미의 지식인에 대해 접근하고자 한다. 이때 떠오르는 문제들을 간결하게 표현하면 다음과 같다. 결정적인 순간에 정신적 교육과 지적인 성향이 수용소 수감자들에게 도움이 되었는가? 그것은 이들이 살아남는 행위를 쉽

---

7 취사병을 가리킨다.
8 '조직하다'라는 뜻이다.

게 해주었는가? 나 스스로에게 이 질문을 던졌을 때, 나의 아우 슈비츠 일상이 아니라 한 네덜란드 친구이자 운명적인 동료였던 니코 로스트Nico Rost의 아름다운 책이 제일 먼저 떠올랐다. 책 제 목은《다하우의 괴테》였다. 몇 년이 지난 후 나는 그 책을 꺼내 어 꿈꾸는 듯한 분위기를 자아내는 그 문장들을 다시 읽어보았 다. 예를 들면 다음과 같은 문장들이다. "오늘 아침 히페리온에 대한 기록을 시작하려 했다." 혹은 "다시 마이모니데스[9]에 관해 읽었고, 알베르투스 마그누스[10]와 토마스 아퀴나스, 둔스 스코투 스[11]에 대한 그의 영향력에 대해 읽었다." 혹은 "오늘 공습경보 동안 헤르더[12]에 대해 다시 생각하려고 애를 썼다……." 그러고 나서는 내게는 너무도 놀랍게도 "더 많이 읽을 것, 더 많이, 더 집중적으로 공부할 것. 조금이라도 비는 시간이면 적십자 꾸러 미 대신 고전문학을"이라고 쓰고 있다. 이 문장들을 읽으며, 나 자신의 수용소 기억과 비교했을 때, 나는 로스트의 경탄스러운 정신적인 태도와 견줄 만한 것을 전혀 갖지 못했던 것이 무척 부

---

9 Maimonides(1138?~1204). 중세의 유대인 철학자이자 법학자, 의사.

10 Albertus Magnus(1200~1280). 독일의 학자이자 주교. 1931년 성인으로 시 성諡聖되었다.

11 Dun Scotus(1266?~1308). 프란체스코 수도회 철학자. 성모마리아는 원죄 없이 수태했다는 교리, 즉 무원죄 잉태설Immaculate Conception로 잘 알려져 있다.

12 Johann Gottfried von Herder(1744~1803). 독일의 철학자. 질풍노도 문학 운동의 지도적 인물로도 잘 알려져 있다.

끄러웠다. 아니, 물론 아우슈비츠에서는 생각할 수도 없는 일이지만, 관련 있는 책이 손에 들어왔다 하더라도 나는 마이모니데스에 대해서 분명 아무것도 읽지 않았을 것이다. 그리고 나는 공습경보 동안 헤르더에 대해 생각해 보려는 시도 따위는 결코 하지 않았을 것이다. 나라면 어떤 상황에서도 생필품 꾸러미 대신 고전문학을 붙들고 있으리라는 다짐을 비웃기보다는 절망적으로 거부했을 것이다. 이미 말한 대로 다하우_{Dachau}[13] 동료의 책을 읽을 때, 마침내 어느 정도 나 자신을 정당화하기까지는 나 스스로가 몹시 부끄럽게 여겨졌다. 그때 로스트는 환자 병동의 간병인으로 비교적 나은 입장에서 일을 했던 반면, 네덜란드인은 아우슈비츠가 아니라 다하우에 수감된다는 규정에도 불구하고 나 자신은 익명의 수감자 집단에 속했다는 것에 대해서는 그다지 생각하지 않았다. 실제로 이 두 수용소는 간단히 같이 치부해 버릴 수 있는 것은 아니다.

다하우는 나치가 세운 최초의 집단 수용소 중 하나였고, 그래서 말하자면 일종의 전통이 있었다. 그에 반해 아우슈비츠는 1940년에 처음으로 세워졌는데, 마지막까지 매일매일 즉흥적인 결정에 휘둘렸다. 다하우 수감자들 사이에는 **정치적인** 요소가 지배적이었다면, 아우슈비츠에서는 완전히 비정치적인 유대인들과 정치적으로 대단히 불안정한 폴란드인 수감자들이 압도적으

---

13 독일 바이에른 주에 있는 도시로, 1933년 최초의 나치 집단 수용소가 세워졌다.

로 많았다. 다하우에서는 내부 관리가 대부분 정치적 수감자들의 손에 맡겨져 있었다면, 아우슈비츠에서는 독일인 전문 범죄자들이 주도했다. 다하우에는 수용소 도서관이 있었지만, 아우슈비츠에는 일반 수감자들을 위한 책이란 상상할 수조차 없었다. 근본적으로 다하우에는 부헨발트와 마찬가지로 수감자들이 정신적 구조를 통해 친위대 국가, 친위대 조직에 대해 저항할 가능성이 남아 있었다. 따라서 그곳에서는 정신의 **사회적 기능**이 있었다. 비록 그 정신이 근본적으로는 정치적 · 종교적 이데올로기적 모습을 띠었고, 로스트의 경우와 같이 정치적인 동시에 미학적으로 나타나는 경우는 드물다 하더라도 말이다. 그러나 아우슈비츠에서는 정신적인 사람은 고립되고, 완전히 홀로 고립되었다. 그곳에서는 정신과 잔인함이 만나는 문제가 훨씬 더 과격한 모습으로, 이런 표현이 허용된다면, 훨씬 더 **원색적인** 형태로 나타났다. 아우슈비츠에서 정신이란 그 자체 외에 아무것도 아니며, 대단히 미흡하지만 숨겨져 있는 사회조직 속에서 정신을 작동시킬 기회란 존재하지 않았다. 그래서 지식인들은 자신의 정신과 홀로 남게 되는데, 그 정신은 순전한 의식의 내용일 뿐, 사회적 현실에 맞추거나 강해질 수는 없었다. 정신에 대한 사례는 부분적으로는 유치하고, 부분적으로는 전달하기 어려운 존재의 영역에서 나온 것들이다.

지식인들은 적어도 처음에는 정신이 가지는 사회적 저항의 가능성을 부단히 추구했다. 예컨대 어떤 사람은 자기 아내의 식단표에 대해 상세히 이야기하는 침대 옆 사람과의 대화에서 자기 자신은 집에 있을 때 책을 많이 읽었다는 말로 끼어들고 싶어 했다. 그러나 그것에 대해 서른 번쯤 "제기랄, 잘났어!"라는 대답을 들으면 그는 그만둔다. 이렇게 해서 아우슈비츠에서 정신은 서서히 이중으로 새로운 모습을 취하게 된다. 심리적으로 보자면 전적으로 비현실적인 모습을, 다른 한편 사회적인 개념으로 정의하자면 일종의 허용되지 않는 사치가 되었다. 종종 사람들은 짚더미로 된 침대에서 나누는 대화를 통해 이 새로운 사실을 심층적으로 경험했다. 그러고 나면 정신은 갑자기 그것의 근본적인 특성, 곧 초월성을 잃어버렸다.

나는 어느 겨울날 저녁을 기억한다. 그때 우리는 작업이 끝난 후 IG 화학공장 지역에서 "좌로 둘, 셋, 넷"이란 신경을 곤두서게 하는 카포의 구호에 가까스로 보조를 맞춰 수용소로 행진해 오는데, 반쯤 짓다만 구조물 앞에서 도대체 이유를 알 수 없이 바람에 나부끼는 깃발이 눈에 띄었다. "담은 말없이, 차갑게 서 있고, 깃발들은 바람에 펄럭이는구나."[14] 나는 연상 작용에 따라 기계적으로 혼자 중얼거렸다. 그런 다음 나는 그 시구를 좀 더 크게 반복하며 단어의 울림에 귀를 기울이며, 리듬을 느껴보려고 애를 썼고, 횔덜린의 이 시와 내가 수년 동안 연결되어 있던 감정적이고 정신적인 유대감이 나타나기를 기대했다. 그러나

---

14 횔덜린의 시 〈생의 절반〉에 나오는 구절.

아무것도 나타나지 않았다. 그 시는 현실을 더 이상 초월하지 못했다. 그러자 오로지 '그럼 그렇지'라는 단순한 확인만이 남았다. 카포는 "왼쪽으로"라고 으르렁거렸고, 수프는 묽었으며, 바람에 깃발은 펄럭거렸다. 그때 이 시구를 인용할 줄 아는 비슷한 기분을 가진 동료가 있었다면, 어쩌면 침잠된 정신 속에 숨겨져 있던 횔덜린에 대한 감정이 살아났을지도 모른다. 최악의 상황은 이 작업반 대열에는 그런 동료가 없다는 것이었다. 그러면 전체 수용소 어딘가에? 그러나 어떻게 해서 그런 사람을 찾아내는 데 성공했다 하더라도, 그 역시 고립으로 인해 정신에 대해서는 너무나 낯설어져 더 이상 반응을 하지 못했다. 수용소에 수감되어 있던 파리 출신의 저명한 철학자와의 만남이 떠오른다. 나는 그가 수감되어 있다는 사실을 알고 수고와 위험을 무릅쓰고 그가 있는 구역으로 찾아갔다. 양철 그릇을 팔 밑에 끼고 수용소 길을 터벅터벅 걸으면서, 나는 지적인 대화를 꺼내보려고 애썼지만 헛수고였다. 소르본의 이 철학자는 간단한 기계적인 대답을 하고는 결국은 완전히 말문을 닫아버렸다. 누가 '무감각해짐'이란 말을 하는가? 그러나 그렇지 않다. 그도 나와 마찬가지로 무감각해진 것은 아니었다. 한마디로 그는 정신적 세계의 현실에 대해 더 이상 믿지 않았고, 아무런 사회적인 관련성이 없는 지적인 말장난을 거부했던 것이다.

정신의 사회적 기능 혹은 비기능이란 관련성 속에서 **독일식 교육**을 **받은** 유대인 지식인에게는 한 가지 특별한 문제가 제기되었다. 그가 불러내려고 애쓰는 것은 모두 그 자신이 아니라 적들에게 속한다는 것이었다. 베토벤. 그러나 베를린에서는 빌헬름 푸르트벵글러[15]가 베토벤을 지휘했고, 푸르트벵글러는 제3제국에서 존경받는 공인公人이었다. 《푈키셔 베오바흐터Völkischer Beobachter》[16]에는 노발리스[17]에 관한 글이 실려 있었고, 그 글은 전혀 멍청하지 않았다. 니체는 히틀러에게만 중요한 것이 아니라 그것을 넘어설 수 있다 하더라도 나치에 우호적인 서정시인 에른스트 베르트람[18]에게도 중요했다. 그는 니체를 이해했다. 메르제부르크의 마법 주문[19]에서부터 고트프리트 벤[20]까지, 디트리히 북스테후데[21]에서 리하르트 슈트라우스[22]까지 정신적이고 미

---

15 Wilhelm Furtwängler(1886~1954). 독일의 작곡가이자 지휘자. 베를린 필하모닉의 종신 지휘자였으며, 특히 베토벤 음악에 심혈을 기울였다. 나치 독일 치하에서의 음악 활동으로 전후 재판을 받았으나 무죄로 석방되었다.

16 나치당이 발간한 신문.

17 Novalis(1772~1801). 독일의 낭만주의 시인 · 소설가. 대표작으로 《푸른 꽃》(1802)등이 있다.

18 Ernst Bertram(1884~1957). 독일의 시인이자 문학사가. 슈테판 게오르게의 제자였으며, 특히 격언시格言時에 뛰어났다.

19 1841년 메르제부르크Merseburg에서 발견된 9~10세기에 쓰인 신학 수서본. 고지 독일어로 쓰인 두 개의 마법 공식이 적혀 있다.

20 Gottfried Benn(1886~1956). 독일의 의사 출신 시인. 에세이《신국가와 지식인》(1933)에서 니힐리즘 초극超克의 가능성으로서 나치즘을 찬양한 바 있다.

21 Dietrich Buxtehude(1637~1707). 바로크 시대의 덴마크-독일 오르간 연주자이자 작곡가.

22 Richard Strauss(1864~1949). 〈살로메〉, 〈장미의 기사〉, 〈돈 환〉 등을 작곡

학적인 자산은 논란의 여지 없이 적의 소유물로 넘어갔다. 언젠가 자신의 직업에 대해 질문을 받은 한 동료가 어리석게도 독문학자라고 사실대로 말하자, 그것은 친위대원의 살인적인 분노를 불러일으켰다. 그 무렵 저 너머 미국에서는 토마스 만Thomas Mann이 "내가 있는 곳에 독일 문화가 있다"라고 말했다는 것을 나는 알고 있다. 독일계 유대인 출신의 아우슈비츠 수감자들은 설사 토마스 만이라 하더라도 그처럼 대담한 주장을 할 수는 없었을 것이다. 그 수감자의 주장은 사회적인 정당성을 얻지 못하기 때문에 그는 독일 문화를 자기 것이라고 공언할 수 없다. 비록 토마스 만은 아니지만, 망명을 떠난 소수의 사람들은 스스로를 독일의 문화라고 주장할 수 있었다. 그러나 아우슈비츠에서 고립된 개개인은 알브레히트 뒤러[23]와 막스 레거,[24] 안드레아스 그리피우스[25]와 게오르크 트라클[26]을 포함한 독일 문화 전체를 가장 못난 친위대원에게 넘겨주어야 했다.

'선한' 독일과 '악한' 독일에 대해서나 히틀러에게 속했던

한 독일의 작곡가.

23 Albrecht Dürer(1471~1528). '독일 미술의 아버지'로 추앙받는 화가. 북유럽 미술에서 르네상스를 성취한 최초, 최고의 화가로 알려져 있다.

24 Max Reger(1873~1916). 독일의 작곡가이자 피아니스트.

25 Andreas Gryphius(1616~1664). 독일의 시인이자 극작가. '독일의 셰익스피어'라고도 한다.

26 Georg Trakl(1887~1914). 오스트리아의 시인. 표현주의풍의 작품을 남겼으며, 스물일곱 살의 젊은 나이에 자살했다.

형편없는 요제프 토라크[27]나 사람들의 결속을 요구하는 위대한 틸만 리멘슈나이더[28]에 대해 순진하지만 대화를 이끌어내는 데 성공했다 하더라도, 그곳에서조차 정신은 현실 앞에서 결국 어쩔 수 없이 좌절하고 말았다. 그 이유는 다양하고, 어떻게 해서 그런 일이 일어났는지 분석한 다음 나중에 다시 종합해서 정리하기란 쉽지 않다. 그것이 허용되는지 어떤지는 알지 못하지만 나는 순전히 물리적인 것은 제외하려 하는데, 모든 수용소 수감자들은 결국은 많든 적든 엄청난 신체적 저항력이란 법칙 아래 놓여 있었기 때문이다. 어쨌거나 분명한 것은 정신의 작용에 관한 모든 질문은 주체가 굶주림과 탈진으로 죽어가면서 탈정신화될 뿐 아니라, 말 그대로의 의미에서 탈인간화되는 곳에서는 더 이상 제기될 수 없다는 것이다. 스스로 포기하고 동료들에게 포기당한 수감자를 칭하는 수용소 은어인 이른바 '무슬림 Muselmann'은 선과 악, 고상한 것과 비천한 것, 정신적인 것과 비정신적인 것이 마주할 수 있는 의식의 공간을 더 이상 갖지 못했다. 그는 아직 움직이는 시체였고, 마지막으로 꿈틀거리는 물리적 기능의 다발이었다. 힘들더라도 우리는 그를 우리의 고려에서 제외해야 했다. 나는 오로지 나 자신의 상황, 굶고 있지만 굶어 **죽지는** 않은, 죽도록 두들겨 맞았지만 완전히 뻗어버린 것은

---

27 Josef Thorak(1889~1952). 오스트리아계 독일 조각가.
28 Tilman Riemenschneider(1460~1531). 독일의 조각가.

아닌, 상처를 입었지만 목숨을 잃을 정도는 아닌, 그러니까 객관적으로는 아직 정신이 남아 있고 존속할 수 있는 근거를 가진 수감자의 상황에서 출발했다. 하지만 정신은 지극히 허약한 토대 위에서 간신히 존재했는데, 그것은 비극적인 진실이었다. 나는 일련의 미학적인 상상이나 회상 장면이 좌절하고 힘을 발휘하지 못한 채 사라져버리는 상태에 대해 이미 암시적으로 말한 바 있다. 대부분의 경우 그것은 위로가 되지 못했고, 때로는 고통이나 조롱으로 나타났으며, 완전한 무관심이란 감정에 빠져드는 경우가 가장 많았다.

물론 거기에도 예외가 있다면, 그것은 어느 정도의 도취 상태에서 가능했다. 한번은 환자 병동의 간병인이 내게 내민 접시에서 설탕을 넣은 곡물 요리를 허겁지겁 들이켰던 것을 기억한다. 그때 나는 특별한 정신적인 만족감에 빠졌다. 깊이 감동을 받은 나는 처음으로 인간적인 선이란 현상을 생각해 냈다. 토마스 만의 《마의 산Der Zauberberg》(1924)에 나오는 씩씩한 요아힘 침센의 모습이 자연스레 연결되었다. 갑자기 나의 의식은 책의 내용과 내가 들었던 음악의 곡조들, 내게 철저히 빛을 발하는 것처럼 보이던 철학적인 생각들로 꽉 차고 혼란스럽게 채워졌다. 거친 정신적인 갈망이 나를 사로잡자 그것은 밀려오는 자기연민을 동반했고, 눈에는 눈물이 솟구쳤다. 그때 나는 분명하게 남아 있는 (유사) 인격의 의식 층위에서 단 몇 분간 지속된 정신적인 고양 상태를 십분 깨달을 수 있었다. 그것은 신체적 작용에 의해 야기된 진정한 도취 상태였다. 이후에 동료와 함께 나눈 대화를 통해 그 같은 상황에서 잠시나마 정신적인 위로를 받은 것은 비단 나뿐이 아니라는 결론에 이르렀다. 그 같은 도취된 기분은 식사 때이든, 익숙하지 않은 담배를 피울 때이든 운명을 같이 하는 동료들에게서 종종 느낄 수 있었다. 모든 도취와 마찬가지로 그것은 술이 깰 때 느끼는 것과 같은 공허함과 수치심이란 황량한 기분을 남겼다. 그것이 진실한 것은 전혀 아니었고, 정신의 가치는 그 후 더 심각하게 경직될 뿐이었다. 그러나 미학적 상상력과 그것에 뒤따라오는 것들은 모두 인간의 정신적인 구성 성분에서 오로지 제한적이고 그다지 중요하지 않은 부분만을 채운다. 더 본질적인 것은 분석적인 사고이다. 우리는 공포에 맞닥뜨렸을 때 그것이 지지대이자 길잡이가 되어주기를 기대한다.

그러나 나는 여기서도 지나치게 실망스러운 결론에 이르고, 과거에도 그랬다. 합리적이고 분석적 사고는 수용소에서, 특히나 아우슈비츠에서는 전혀 도움이 되지 못했을 뿐 아니라 곧바로 자기파괴라는 비극적 변증법으로 이어졌다. 그것으로 내가 말하고자 하는 것은 쉽게 이해될 수 있다. 우선 정신적인 사람들은 상상할 수 없는 그 상황을 정신적이지 않은 사람처럼 단순히 주어진 것으로 받아들이지 않았다. 현실의 일상적인 문제에 대해 질문을 던지는 오랜 훈련은 그가 수용소의 현실을 그대로 받아들이지 못하게 했는데, 그것이 지금까지 인간에게 가능하거나 용인될 수 있다고 봐왔던 것과는 너무나도 상반되기 때문이었다. 그는 밖에서는 언제나 인간적이고 합리적인 논리를 갖춘 사람들과 교류했고, 그래서 실제로는 전혀 복잡하지 않은 것, 말하자면 수감자인 그에게 친위대는 파괴의 논리만을 필요로 한다는 것이 도무지 이해되지 않았다. 그 파괴의 논리란 밖에서의 생명 보존의 논리처럼 그 사체로는 일관성 있게 작동했다. 그 사람은 항상 깨끗이 면도를 하려 했지만, 면도기를 소지하는 것은 엄격히 금지되었고, 이발소에 가는 것은 2주일에 한 번꼴이나 가능했다. 줄무늬 수감복에서 단추가 떨어져서는 절대 안 되었지만, 노동을 하다 보면 단추를 잃어버리는 일은 허다했고, 그러면 그것을 되찾을 가능성은 실제로 거의 없었다. 체력이 강한 사람이라 하더라도 점차 허약해졌다. 수용소에 들어올 때 모든 것을 빼앗겼지만, 그다음에는 아무것도 가지고 있지 않다는 이유로 약탈자들에게서 조롱을 당했다. 정신적인 훈련을 받지 않은 수감자들은 그 같은 상황을 대부분 어느 정도는 무덤덤하게 받아들였다. 밖에서 "부자도 있고 가난한 자도 있다." 혹은 "전쟁은 언제나 있어왔다."라는 주장에서 느꼈던 것과 같은 무덤덤함으로 말이다. 그들은 그런 주장을 알았고, 그 주장에 자신을 맞추었으며, 적절한 경우에는 그런 주장들을 이겨냈다. 그러나 지식인들은 생각이 무력해질 정도로 반발했다. 처음에는 절대 있어서는 안 되는 일은 있을 수 없다는 반항적이고 어리석은 지혜가 그에게 작동했다. 단지 처음에만 말이다.

친위대의 논리에 대한 거부, 내적인 반항, "이건 도대체가 있을 수 없어."와 같은 주문을 혼자 중얼거리는 것은 오래 계속되지 않았다. 얼마 안 가 단순한 좌절보다 더한 것, 친위대의 논리뿐 아니라 그들의 가치 체계를 수용하는 것이 불가피하게 자리를 잡았다. 그러면 지적인 수감자들은 또다시 그렇지 않은 수감자들보다 그런 사실을 더 어렵게 받아들였다. 지적이지 않은 사람들에게는 일반적으로 인간적인 논리란 한 번도 존재하지 않았고, 오로지 자기보존의 법칙만 일관되게 존재했다. 그래서 그는 밖에서는 "부자도 있고, 가난한 자도 있는 법."이라고 말했지만, 그 같은 인식 내면에서 부자에 대한 가난한 사람의 투쟁을 이어갔고, 그것을 전혀 모순으로 느끼지 않았다. 그에게 수용소의 논리란 단지 경제 논리의 점진적인 강화일 뿐이며, 그런 강화에 대해 그는 좌절과 거부가 적절히 혼합된 자세로 대처했다. 그러나 지적인 사람들은 최초의 내적인 저항이 무너지고 난 후, 있어서는 안 되는 일이 있을 수도 있다는 것을 알게 되고, 친위대의 논리가 매시간 현실로 입증되는 것을 경험하면 이미 머릿속에서는 운명적인 체념이 시작되었다. 그를 처형하려는 친위대원은 강자라는 거부할 수 없는 사실 때문에 그의 생명에 대한 정당성을 가지는 것이 아닌가? 지식인들의 원천적인 정신적 관용과 방법론적인 의심은 이렇게 해서 자기파괴적 요소로 변했다. 그렇다. 친위대는 그들이 하던 대로 계속할 수 있었다. 자연법도 없고 도덕적 범주란 마치 유행처럼 생겨났다가 사라진다. 그런 식으로 스스로를 실현시킬 수 있다고 믿었기 때문에 유대인과

정치적 적을 죽음으로 내몰았던 독일이란 나라가 거기 있었다. 그리스 문명은 노예제 위에 세워졌고, 아테네 군대가 밀로스에 주둔했던 것처럼, 친위대는 우크라이나에 있었다. 역사의 빛이 깊숙이 도달하는 동안, 인간의 영원한 진보가 19세기적인 순진함에 머물러 있는 동안 금시초문이었던 인간 제물이 바쳐졌다. "좌로, 둘, 셋, 넷"은 다른 것과 마찬가지로 하나의 의례였던 것이다. 원한으로부터는 가져갈 것이 많지 않았다. 아피아 가도Via Appia는 십자가를 짊어진 노예들에 의해 날라졌고, 저기 비르케나우Birkenau[29]에서는 인간의 몸뚱이가 타는 악취가 진동했다. 여기에는 크라수스가 아니라 스파르타쿠스가 있었고, 그것이 전부였다. "그들의 시체로 라인강에 댐을 만들어라, 그들의 다리를 쌓아 성을 에워싸고 거품을 내며 부풀게 하라."라고 하인리히 폰 클라이스트[30]는 라인강에 대해 읊었다. 권력이 주어졌다면 그가 자신의 시체 환상을 실현시켰을지 누가 알겠는가? 클라이스트는 러시아 전선 어디선가 지휘를 하고, 어쩌면 유대인과 정치범들의 시체를 쌓아올렸을지 모른다. 역사는 그랬고, 또 그러하다. 사람은 역사의 바퀴에 깔렸고, 사형 집행인의 희생자가 될 사람이 다가오면 모자를 낚아챘다. 정신적인 사람들은 최초의 저항

---

29 아우슈비츠 제2수용소.
30 인용된 시는 그의 송가 〈아이들에게 들려주는 게르마니아 이야기Germania an ihre Kinder〉의 일부이다.

이 해체되면 모든 지식과 분석력을 가지고도 비정신적인 사람보다 훨씬 서툴게 파괴자에게 저항했다. 비정신적인 사람은 그들 앞에서 훨씬 단호한 태도로 그들의 환심을 사기도 했다. 그 밖에도 그는 생각이 많은 동료보다 체계적인 굴종과 능숙한 도둑질로 훨씬 자발적이고 효과적으로 대처했다.

역사적 · 사회학적으로 설명할 수 있는 권력에 대한 지식인들의 태도는 수용소에서는 비정신적인 동료들의 태도보다 훨씬 더 마비되었다. 실제로 정신적인 사람은 항상, 어디서나 권력에 전적으로 의존적이었다. 권력을 정신적으로 의심하고 그것을 자신의 비판적 분석 대상에 포함시키지만, 동일한 지적인 작업 과정에서 권력에 굴복하는 습관이 배어 있었다. 적대적 권력에 어떤 가시적인 것도 대립하지 않는 곳에서 굴복은 전적으로 불가피했다. 밖에서는 군대가 파괴자와 싸울 수 있었지만, 수용소 안에서는 오로지 멀리서부터 군대에 대한 소문을 들을 수 있을 뿐이었고, 더 이상 그것을 믿으려 하지 않았다. 친위대 국가의 권력 형태는 수감자 앞에서 가공可짠스럽고 극복할 수 없을 정도로 우뚝 서 있었고, 피할 수 없었으며, 그래서 결국은 **합리적으로** 보이는 현실이 되었다. 밖에서는 언제나처럼 정신적으로 행동할 수 있던 사람이 여기서는 이런 의미에서 헤겔주의자가 되었다. 곧 친위대 국가는 총체성이란 확고한 광채 속에서 이념을 실현하는 국가로 보였던 것이다.

이 자리에서 잠시 멈추고 **종교적으로나 정치적, 이데올로기**

적으로 확고한 수감자들에 대해 덧붙여 말한다면, 그들의 입장은 인문주의 성향의 지적인 수감자들과는 근본적으로 달랐다.

그 이전에 몇 가지 개인적인 고백을 하려 한다. 나는 불가지론자로 감옥과 집단 수용소를 전전긍긍했고, 1945년 4월 15일에 베르겐-벨젠에서 영국군에 의해 풀려나 여전히 불가지론자로 그 지옥을 떠났다. 나는 한순간도 내 속에서 신앙의 가능성을 발견할 수 없었고, 그것은 내 서류 위에 '저항력 해체'라고 적힌 채 독방에 갇혀 언제라도 처형장으로 끌려갈 수 있다는 것을 깨달았을 때도 마찬가지였다. 나는 또한 특정한 정치적 이데올로기에 묶여 있거나 그것의 추종자도 전혀 아니었다. 하지만 나는 종교적으로나 정치적으로 확고한 동료들에게 엄청난 경외감을 느꼈고, 지금도 마찬가지라고 고백해야겠다. 그들이 여기서 전제한 의미에서 '정신적'인지 아닌지는 중요하지 않다. 어쨌거나 그들에게는 정치적 혹은 종교적 신념이 대단히 도움이 되었던 반면, 회의주의적이고 인문주의적인 지식인인 우리들은 문학적 · 철학적 · 예술적 신을 헛되이 찾곤 했다. 그들은 단호한 마르크스주의자일 수도, 특정 종파의 성서 연구자이거나 실천적인 가톨릭 신자일 수도 있고, 또한 학식 높은 경제학자이거나 신학자, 혹은 덜 배운 노동자이거나 농부일 수도 있다. 신앙이나 이데올로기는 그들에게 세상에서의 확고한 거점을 마련해 주었고, 그들은 그것으로 친위대 국가에 대처했다. 그들은 상상할 수 없이 어려운 상황에서도 예배를 드렸고, 일 년 내내 엄청난 허기에 시달렸음에도 속죄의 날에는 정통 유대인으로 단식을 했다. 그들은 마르크스주의자답게 유럽의 미래에 대해 토론을 했고, 소련이 승리할 것이고 승리해야 한다고 끊임없이 말했다. 그들은 몇 배나 더 학식 있고 정확한 사고에 훈련되어 있는 비신앙인이나 비정치적인 지적인 동료들보다 더 잘 살아남거나 더 고상하게 죽었다. 나는 아직도 한 젊은 폴란드 사제를 기억하는데, 그는 내가 알고 있는 현존하는 언어를 하나도 알지 못해서 라틴어로 자신의 신앙에 대해 말했다. 그는 "Voluntas hominis it ad malum(인간의 의지는 악으로 이어진다-옮긴이)."이라고 말하면서 막 지나가는 끔찍할 정도로 폭력적인 카포를 걱정스러운 듯이 쳐다봤다. "그러나 하나님의 선은 무한하시고 그것은 승리할 것입니다." 종교적이거나 정치적인 소신이 있는 동료들은 수용소에서 상상할 수 없는 일이 현실이 되더라도 놀라지 않았고, 아니면 그저 조금 놀랄 뿐이었다. 경건한 기독교인이나 유대인들은 신에게 등을 돌린 사람들이 아우슈비츠라는 악을 행했고, 또 고통을 당하고 있다고 말했다. 마르크스주의자들은 마지막 단계인 파시즘 단계에 들어선 자본주의는 필연적으로 인간 도살자가 될 수밖에 없다고 주장했다. 이데올로기로 훈련되었거나 신앙을 가진 사람들은 여기서 일어나는 것은 금시초문의 일이 아니라, 이미 예상되었거나 적어도 가능하게 여겼던 것이 일어난 것뿐이라고 주장했다. 기독교인과 마르크스주의자들은 이전에 밖에서 관대하게 대했던 현실에 대해 여기서도 인상적이고 놀랄만한 거리를 두고 마주했다. 그들의 나라는 이러나저러나 이곳, 오늘이 아니라 내일의 어딘가였던 것이다. 기독교인들의 천년왕국처럼 빛나는 아주 먼 내일, 혹은 마르크스주의자들의 지상의 유토피아 같은 내일 말이다. 이전부터 현실이 확고부동한 정신적 틀속에 전개되던 곳에서는 잔혹한 현실에 대한 장악력이 훨씬 약했다. 굶주림은 단순히 굶주림이 아니고 신을 부정한 결과이거나 자본주의적 부패의 결과였다. 구타나 가스 처형은 주님의 새로운 고통이거나 자명한 정치적 순교였다. 그렇게 초기 기독교도들은 고통을 받았고, 독일의 농민전쟁에서 핍박받은 농부들도 그랬다. 모든 기독교인은 성 세바스티안이고, 모든 마르크스주의자는 토마스 뮌처[31]였다.

이들 두 부류, 곧 기독교인들과 마르크스주의자들 중 첫 번째 부류의 사람들은 부드럽게, 두 번째 부류는 성급하고 무뚝뚝하게 회의적이고 인문주의적 지식인인 우리를 경멸했다. 수용소 안에서 그 같은 경멸이 정당한지 어떤지를 나 스스로에게 질문할 시간이 있었다. 나 자신은 정치적 혹은 종교적 신념을 원하는지, 적어도 가능하다고 여기는지 말이다. 나는 나 자신에게 의미가 없는 신앙의 자비에 대해 알려고 하지 않았고, 그것의 오류나 잘못된 결론을 꿰뚫어 본 이데올로기에 대해서도 마찬가지였

---

31 Thomas Münzer(1490~1525). 독일의 신학자이자 혁명가로, 독일 농민전쟁을 지도했다.

다. 나는 그것에 속하기를 원치 않았고, 신앙을 가진 동료들에게 속하는 것도 원치 않았지만, 그들처럼 흔들리지 않고, 침착하고, 강하고 싶었다. 당시에는 이해한다고 믿었던 것이 지금도 여전히 확실해 보인다. 넓은 의미에서 신앙적인 사람은 그의 신앙이 형이상학적이든 내면과 관련된 것이든 자기 스스로를 넘어선다. 그는 자기 개인에 사로잡힌 사람이 아니라 어디서도, 심지어는 아우슈비츠에서도 중단되지 않는 정신적인 지속물에 속한다. 그는 신앙이 없는 사람들보다 현실에 낯설지만, 동시에 현실에 가깝다. 현실에서 먼 것은 그가 목적론적인 기본 입장에서 주어진 현실 내용을 내려놓고 자신의 눈을 보다 가깝거나 먼 미래에 고정시키기 때문이며, 현실에 가까운 것은 그가 바로 이런 이유에서 자기를 둘러싸고 있는 상황에 의해 좌절하지 않고 오히려 자기편에서 그 상황에 강하게 영향을 끼칠 수 있기 때문이다. 신앙이 없는 사람에게 현실은 비우호적인 경우에는 자신을 내맡겨야 하는 폭력이고, 우호적인 경우에는 분석을 위한 자료이다. 신앙인에게 현실은 그가 만드는 토기이며, 그가 풀어내는 과제이다.

바깥에서와 마찬가지로 수용소 안에서도 두 유형의 인물들, 곧 신앙인들과 비신앙인들 사이에 깊은 이해가 있을 수 없다는 것은 당연하다. 종교적이고 정치적인 확신을 가진 사람들은 인내이든, 도움의 자세이든, 분노에 있어서든 우리를 능가한다. 한번은 "당신은 한 가지 사실을 이해해야 합니다. 곧 당신의 지식과 교양이 여기서는 가치가 없다는 것을 말이지요. 그러나 나는 우리 하나님이 우리를 대신해 복수해 주시리라는 확신을 가지고 있습니다."라고 신앙 있는 유대인이 말했다. 그리고 1933년에 이미 수용소에 내던져진 급진적 좌파 동료는 아주 단호하게 주장했다. "너희들은 거기에 앉아 있지, 잘나빠진 시민인 너희들은 거기 앉아 친위대 앞에서 떨고 있지. 우리는 떨지는 않는데, 여기서 비참하게 고꾸라진다 해도 우리 뒤의 동료들이 저 무리를 벽에 세우리라는 것을 알고 있기 때문이지." 그 두 부류는 자기 스스로를 극복하고 미래를 향해 투사한다. 그들은 결코 창문 없는 단자들이 아니라 열려 있으며, 아우슈비츠가 아닌 세계를 향해 활짝 열려 있었다.

신앙이 없는 지식인들이 이 같은 태도에서 강한 인상을 받은 것은 확실하다. 그러나 내가 아는 그런 대화의 사례는 눈에 띄지 않을 정도로 적었다. 회의적이고 정신적인 사람들이 동료들의 놀라운 사례를 보고 기독교나 마르크스주의에 동참하는 것은 예외적인 경우에 불과했다. 대부분의 경우 그는 돌아서서 스스로에게 말한다. 경탄할 만하고 도움이 되는 환상이지만, 여전히 환상에 불과하다고. 그는 때로는 신앙을 가진 동료의 알 권리에 대해 화를 내며 반박했다. 수용소 고참이나 몇몇 수감자를 말 그대로 짓밟아 버렸다는 막강한 독일인 전문 범죄자의 면전에서 끊임없이 신의 자비에 대해 말하는 것이 그에게는 하나의 스캔들로 들렸던 것이다. 상식적인 사람들이 아우슈비츠는 자본주의 여하의 다른 경제 체계와는 무관하고, 병든 두뇌와 왜곡된 감정적 유기체의 현실적 산물이라고 이해하는 곳에서, 마르크스주의자들이 확신에 차서 친위대를 부르주아의 보호 집단으로, 수용소를 자본주의의 필연적인 귀결이라고 부를 때, 정신적인 사람은 그 같은 것을 불쾌한 속박으로 간주했다. 사람들은 신앙이 있는 동료를 존경하면서도 몇 차례 머리를 흔들며 "망상, 웬 망상이람!" 하고 중얼거릴 수도 있다. 그러나 지식인들은 기가 꺾였고, 앞에서 말한 것처럼 다른 사람들이 그들에게 정신적 가치의 대상이 없다는 사실을 비난하면 반박할 아무런 논거도 찾아내지 못했다. 이쯤에서 나는 부기附記를 마치고, 아우슈비츠에서의 정신의 역할로 되돌아와, 이미 말했던 것을 다시 한번 반복하려 한다. 종교적이거나 정치적인 신념에 편승하지 않는 한, 정신은 아무런 도움이 되지 않거나 거의 되지 않는다고. 정신은 우리를 홀로 내버려 둔다. 사람들이 언젠가 '최후의 것'이라고 불렀던 것들이 문제가 되는 곳에서 정신은 항상 우리를 회피했다.

아우슈비츠에서 정신적인 사람들은 죽음에 대해 어떻게 행동했나? 그것은 오로지 임시적이고 빠른 걸음으로 측정할 수밖에 없는 넓고 전망하기 어려운 문제이다. 수용소 수감자들이 죽음과 문을 사이에 두고서가 아니라 같은 공간에서 함께 살았다는 것은 잘 알려져 있다. 죽음은 항존했다. 가스 처형실로 갈 사람을 선별하는 일은 규칙적으로 일어났다. 아무것도 아닌 일로 점호 장소에서 수감자들이 처형되면 그의 동료들은 눈을 오른쪽으로 돌리고 행진곡에 맞춰 교수대에 매달린 사람들 옆을 신속하게 행진해 갔다. 사람들은 작업장에서, 환자 병동에서, 벙커에서, 블록 속에서 집단으로 죽어갔다. 한번은 부주의해서 쌓여 있는 시체를 밟았을 때가 기억나는데, 우리는 죽은 이들을 막사 밖으로 끌어내지도 않을 만큼 약하고 무관심했다. 그러나 이 모든 것은 이미 말한 것처럼 식상할 정도로 잘 알려져 있고, 서두에서 나에게 호의를 가진 사람들이 상세하게 말하지 말도록 말렸던 잔혹함에 속한다.

여기저기에서 전선의 군인들도 끊임없이 죽음에 직면했고, 그래서 죽음은 수용소에서만 특별한 성격이나 비교할 수 없는 문제를 가지는 것이 아니라고 누군가는 이의를 제기할 것이다. 그런 비교는 쓸데없다고 다시 말해야 하는가? 설사 군인도 고통을 받았다 하더라도, 전선에 있는 군인들의 생명은 수용소 수감자들과 같을 수는 없어서, 군인의 죽음과 수감자의 죽음은 비교 대상이 되지 못했다. 군인들의 죽음이 영웅적이고 희생적이었다면, 수감자들의 죽음은 도살장의 짐승과 같이 하찮은 것이었다. 때로 군인들도 불 속으로 내몰리고, 그의 생명이 값진 대접을 받지 못할 때도 있었다. 그런데도 국가는 그에게 죽음을 명령한 것이 아니라 살아남기를 명령했다. 그러나 수감자들의 마지막 의무는 죽음이었다. 결정적인 차이는 수감자들과는 달리 전선의 군인은 목표를 가지고 있었을 뿐 아니라 **죽음의 수행자**이기도 했다는 것이다. 이미지를 빌려 말하면 전선의 군인에게 죽음은 떨어지는 도끼일 뿐 아니라 그의 손에 든 칼이기도 했다. 그가 죽음에 의해 고통을 받는 동안, 그는 죽음을 가할 수도 있었다. 죽음은 외부에서 운명처럼 그에게 다가왔지만, 그의 내부에서 나오는 의지로 표출되었다. 죽음이 그에게 위협인 동시에 기회였다면, 수감자에게는 수학적으로 미리 결정된 해답, 최후의 해결책이라는 형태만을 띠었다. 이 같은 조건에서 정신적인 사람들은 죽음과 부딪쳤다. 그 앞에는 죽음이 놓여 있고, 그 와중에도 정신은 여전히 움직였다. 정신은 죽음과 마주했고, 같은 말이지만 자신의 존엄을 확보하려고 안간힘을 썼지만 헛수고였다.

　제일 먼저 일어났던 것은 **미학적** 죽음의 총체적 표상이 영원히 파괴되었다는 것이다. 나는 내가 무슨 말을 하는지 알고 있다. 정신적인 사람, 말하자면 독일적인 교양의 토대 위에 서 있는 지식인들은 이 같은 미학적 죽음의 표상을 자기 속에 간직하고 있다. 그것은 대단히 오래전부터 내려온 것이지만, 아무리 늦게 잡아도 독일 낭만주의에서 출발한 것이다. 그것은 대략 노발리스, 쇼펜하우어, 바그너, 토마스 만과 같은 이름과 연결된다. 그러나 아우슈비츠에는 문학적·철학적·음악적 형상을 한 죽음을 위한 자리는 없었다. 아우슈비츠의 죽음에서 《베네치아에서의 죽음》[32]으로 이어지는 다리는 없었다. 죽음에 대한 모든 문학적인 회상은 견딜 수 없는 것이었고, 헤르만 헤세의 "사랑하는

32　1911년에 쓰인 토마스 만의 중편소설. 1971년 루키노 비스콘티가 영화로 만들었다.

형제인 죽음에게"나 "오 주여, 모두에게 그들 자신의 죽음을 주소서"라고 노래한 릴케의 죽음이 그랬다. 지식인에게는 미학적 죽음의 표상이란 **미학적 삶의 수행**Lebensführung의 일부임이 분명하다. 삶의 수행이 기억될 수 없는 곳에서 죽음의 표상은 우아한 무Nichts에 불과했다. 수용소에는 죽음을 위한 트리스탄33은 존재하지 않았고, 오로지 친위대와 카포의 으르렁거림만 있었다. 사람들의 죽음은 수용소의 이른바 정치부서에 '죽음에 의한 손실'이란 공식으로만 등록되는 사회적 사건이기 때문에, 결국 개인적인 특수한 내용을 상실한 채, 죽음의 미학적 치장은 그것을 기대했던 사람에게는 무례하고, 동료들에게는 듣지도 보지도 못한 요구가 되었다.

죽음에 대한 미학적 표상이 무너진 후에 지적인 수감자들은 무장해제 된 채 죽음과 마주했다. 그런데도 그가 죽음에 대해 정신적이고 형이상학적인 관계를 위해 노력했다면, 그 같은 상황을 전망 없는 것으로 판결한 수용소의 현실에 다시 부딪쳤다. 그것은 실제로 어떻게 나타났나? 간단하고 진부하게 말하자면, 정신적인 수감자들은 비정신적인 동료들처럼 죽음과 관계를 맺는 것이 중요한 것이 아니라 **죽어가는 것**과 관계를 맺는다. 이렇게

---

33 유럽 중세 문학의 주요 소재가 되었던 트리스탄Tristan과 이졸데Isolde를 말한다. 사랑의 영약을 마신 두 사람은 끊을 수 없는, 그러나 지상에서는 이룰 수 없는 사랑을 위해 차례로 죽게 된다. 리하르트 바그너는 이 소재로 음악극 〈트리스탄과 이졸데〉를 만들었다.

해서 모든 문제는 몇 가지 구체적인 논의로 국한된다. 수용소의 사람들은 이전에 수감자의 배를 갈라 그 속에 모래를 채워 넣은 한 친위대원에 대해 말했다. 그런 가능성 앞에서 사람들은 죽어야 하는지 혹은 죽어야 한다는 것이 아니라 죽음이 어떻게 일어날 것인지를 파악하는 것이 중요했다. 사람들은 가스실에서 가스가 효과를 발휘하기까지 얼마나 걸리는지에 대해 대화를 나누었다. 또한 페놀 주사를 통한 죽음의 고통에 대해 계산했다. 두 개골에 한 방을 원할까 아니면 환자 병동에서 서서히 소진해서 죽는 것을 원해야 할까? 이 같은 상황에서 "철사에 찔려서", 다시 말해 강력한 전류가 흐르는 가시철조망을 만져서 자살하려고 마음먹는 사람은 극히 드물다는 것은 놀라운 일이다. 철조망은 훌륭한, 상당히 확실한 장치이지만, 그것에 다가가려고 시도하다가는 사전에 발각되어 벙커 속에 내던져지고 더 힘들고 고통스러운 죽음을 맞이하게 되었다. 죽어가는 것은 어디나 있지만 죽음은 피해 갔다.

이제 어디서나 죽음의 공포는 당연히 죽어가는 과정에 대한 공포Sterbensangst이고, 프란츠 보르케나우[34]가 말한 것처럼 죽음의 공포는 질식에 대한 공포라는 것이 수용소에서도 적용된다. 하지만 자유로울 때는 죽어가는 과정에 대한 생각Sterbensgedanken,

---

34 Franz Borkenau(1900~1957). 오스트리아, 독일, 미국에서 활동했던 역사철학자 · 사회학자 · 예술사가.

곧 죽어가는 과정에 대한 불안이 아닌 죽음 자체에 대해 생각하는 것이 가능하다. 자유 속에서의 죽음은 정신적으로는 적어도 죽어가는 것으로부터 자유로울 수 있다. 남은 가족들이나 떠나온 직업에 대해 생각하는 동안 그는 사회적으로 무의 숨결을 느낄 수 있게 하는 수고를 통해서 사상적으로는 자유로울 수 있다. 그 같은 시도가 어떤 결과에도 이르지 못한다는 것, 다시 말해 죽음의 모순이 해결될 수 없다는 말을 먼저 해서는 안 된다. 그러한 노력은 자신의 가치를 항상 그 자체 속에서 찾는다. 자유로운 사람은 죽음에 대해 특정한 정신적 태도를 취할 수 있는데, 그것은 죽음이 그에게는 죽어가는 과정Sterben의 힘듦 속에서 전적으로 일어나는 것이 아니기 때문이다. 자유로운 사람은 사고 가능성의 한계를 밀고 나갈 수 있는데, 아주 작지만 두려움에서 자유로운 공간이 그에게 있기 때문이다. 그러나 수감자에게는 죽음이란 철조망이 아니고, 아프게 하는 것이나 생각을 하도록 자극하는 것이 아니다. 여기서 아마도 수용소 수감자는 (이것은 정신적이거나 비정신적인 사람에게 다 같이 적용된다) 특정한 방식의 죽음에 대한 고통스러운 두려움은 알고 있지만, 죽음의 본질적인 공포를 아는 것은 아니라는 설명이 가능하다. 나 자신에 대해 개인적으로 말해도 된다면, 나는 스스로를 한 번도 특별히 용감하다고 여기지 않았고 실제로도 용감하지 않다고 단언한다. 그럼에도 불구하고 몇 달을 형무소에서 보낸 후 사람들이 나를 감방에서 꺼내고는, 한 친위대원이 내가 곧 총살을 당할 것이라고 알려주었을 때, 나는 아주 담담하게 받아들였다. "이제 겁이 나나?" 하고 그 친위대원이 내게 물었는데, 실은 농담을 한 것이었다. 나는 "그렇습니다."라고 대답했지만, 실은 오히려 겁에 질린 내 모습을 기대했던 그에 대한 나의 배려에서 나온 것으로, 그가 기대에 대한 실망감으로 더한 잔인함을 발휘하지 않게 하기 위해서였다. 아니다. 우리는 죽음에 대한 두려움을 갖지 않았다. 나는 분명히 기억하는데, 가스실로 보내질 것으로 예상되는 구역에 있는 동료들은 죽음에 대해 말하지 않았지만, 수프가 공평하게 나누어질지에 대한 희망과 걱정은 모두가 하고 있었다. 수용소의 현실은 죽음에 대해 힘들이지 않고 승리했고, 대단히 복합적인 이른바 마지막 질문에 대해서도 승리했다. 여기서도 정신은 지극히 제한적으로 남아 있었다.

사람들이 단어의 뜻대로 '형이상학적'이라고 부르는 모든 문제는 대상을 갖지 않았다. 그러나 그것은 사고를 불가능하게 만들었던 무감각이 아니라 정반대로 수용소 현실에 의해 닳고 굳어진 지성의 잔인할 정도의 예리함이다. 거기다가 기껏해야 모호한 철학적 개념을 내포할 뿐 주관적이고 심리적으로 의미를 부여하는 감상적 힘이 결여되었다는 사실이 더해진다. 그러고 나면 아마도 독일 출신의 저 유쾌하지 않은 시몬 마구스[35]

---

35 Simon Magus(?~65). 그에 대해 알려진 것은 별로 없으나 기독교에서는 최초의 이단자로 간주된다. 그노시스파에 대한 반대자로 알려진 그는 신의 위

가 떠오를 텐데, 그는 인간에게 존재하는 것은 오로지 존재의 빛을 통해서만 드러나지만, 사람들은 그것에 대해 잊어버렸다고 말했다. 존재 das Sein, 그렇다. 그러나 수용소에서 바깥보다 더 분명한 것은 존재하는 자와 존재의 빛을 가지고는 그 어떤 것도 시작할 수 없다는 것이다. 사람들은 배가 고플 수 **있고**, 피곤할 수도 **있고**, 아플 수도 **있다**. 그러나 단순히 간접화법으로만 말한다면 아무런 의미도 없다. 그 존재란 직관적이지 않고, 그래서 공허한 개념이 되었다. 말로써 실재 존재를 넘어선다는 것은 우리의 눈에는 가치 없고 사치스러우며, 허용되지 않았을 뿐 아니라 경멸스럽고 사악한 놀음에 불과했다. 현상세계는 오로지 그 속에 내재한 수단을 통해서만 그것의 견딜 수 없음에 도달한다는 것을 매시간 증명해 준다. 달리 표현하면, 세상 어디에서도 현실이 수용소만큼 그렇게 많은 영향력을 가진 곳은 없으며, 세상 어디서도 그렇게도 현실인 곳은 없다. 다른 어떤 곳에서도 현실을 뛰어넘으려는 노력이 그처럼 불가능하고, 그렇게 무가치하게 보이지 않았다. 말없이 서 있는 담벽에 관한 시구처럼, 그리고 바람에 펄럭이는 깃발처럼, 철학적 진술은 그것의 초월성을 상실하고, 우리 앞에서 한편으로는 너무나도 사실적인 주장으로, 다른 한편으로는 허황된 수다로 변해 버린다. 그것이 무엇인가를

대한 힘, 혹은 인간적인 형상을 한 신을 추종했다. 그의 이름에서 관직매매를 의미하는 'Simonie'라는 단어가 유래한다.

의미했던 곳에서는 통속적으로 보이고, 그것이 통속적으로 보이지 않았던 곳에서는 더 이상 아무것도 의미하지 않았다. 그것을 인식하기 위해 의미론적 분석이나 논리적 구문론을 필요로 하지는 않았다. 감시탑을 바라보며 화장터의 지방 태우는 냄새를 맡는 것으로 충분했다.

수용소에서는 총체성이라는 측면에서의 정신은 결정권이 없었다. 정신은 우리에게 제시된 과제를 해결하기 위한 유용한 도구로 격하되었다. 그러나 그와 더불어 근본적인 점을 지적하면 정신은 **자기고양**Selbstaufhebung을 위해 사용될 수 있고, 그것은 적은 것이 아니다. 정신적인 사람은 신체적으로 완전히 파괴되지 않은 한, 비정신적으로 되거나 사고 능력이 없어지는 것은 아니기 때문이다. 오히려 정반대다! 사고란 좀처럼 휴식할 줄 모른다. 그러나 사고는 그것이 내딛는 매 단계마다 극복할 수 없는 한계에 부딪침으로써 스스로를 해체했다. 그때 전통적인 준거 체계의 축은 무너졌다. 아름다움이란 하나의 환상이었다. 인식이란 개념의 유희로 밝혀졌다. 죽음은 식별할 수 없는 상태에서 스스로를 드러냈다.

함께 앉아 대화를 나눌 때 많은 사람은 정신적인 사람들이 수용소에서 우리의 세계, 곧 우리가 무례하게도 '정상적'이라고 부르는 세계를 위해 무엇을 해냈는지, 무엇을 배웠는지, 수용소 시절에 어떤 정신적인 자산을 간직하고 있었느냐라는 질문을 던진다. 아직 말하지 않았기 때문에 나는 그것에 대해 답하고자 한다.

우선 몇 가지 부정과 함께 시작하자. 지혜라는 말이 세상에 관한 긍정적인 지식을 의미한다면, 우리는 아우슈비츠에서 지혜로워지지 않았다. 우리가 그곳에서 인식했던 그 어떤 것도 밖에서 인식할 수 없었던 것은 아니다. 그러나 그중 어떤 것도 우리에게 실질적인 안내자가 되지 않았다. 정신적인 차원의 정의가 심오한 깊이라면, 우리는 수용소에서 '더 깊어지지도' 않았다. 우리가 아우슈비츠에서 더 선해지지도, 더 인간적이지도, 인간에 대해 더 **호의적**이고 윤리적으로 성숙해지지 않았다는 것은 주변적인 이해라고 나는 생각한다. 우리는 탈인간화된_{entmenscht} 사람의 행동이나 범행을 보면서, 인간의 타고난 존엄에 관한 생각에 의구심을 품지 않은 채 그 사람을 쳐다볼 수 없었다. 우리는 벌거벗긴 채, 다 빼앗기고 텅 빈 채, 방향 감각을 상실한 채 수용소에서 나왔고, 다시 자유의 일상 언어를 습득하기까지 오랜 시간이 걸렸다. 일상 언어의 유효성에 대해 오늘날에도 여전히 유쾌하지 않고, 진정한 신뢰를 갖지 않은 채 말한다.

그럼에도 불구하고 우리가 (여기서 우리라고 말할 때는 나는 신앙으로부터 자유롭고 어떤 정치적인 범주에도 속하지 않은 지식인을 말한다) 수용소에서 지냈던 사실은 정신적으로는 전혀 가치가 없었다. 우리는 말하자면 확고부동한 확실함을 얻었는데, 정신은 하나의 유희이고, 우리는 아무것도 아니라는 것, 다시 말하면 수용소 안으로 들어가기 전에는 유희하는 인간 이외에 아무것도 아니었다는 것이다. 그렇게 해서 많은 교만함이 우리에게서 무너져 내렸고, 많은 형이상학적 자부심, 많은 순진한 정신적 기쁨이나 허구적인 삶의 의미 등이 무너졌다. 사르트르는 자신의 책 《말Les Mots》(1964)에서 전통적인 철학적 관념론에서 탈피하기 위해 30년이 걸렸다고 쓰고 있다. 나는 확신하건대 우리에게서는 훨씬 빨리 진행되었다. 정말로 재능 있고 예리한 사람들이 어쩌면 일생 동안 싸워 얻어야 했던 이 같은 철학적 목록의 탈마법화를 작동시키기 위해서 대부분은 몇 주면 족했다.

우리는 더 지혜롭지도, 더 심오하지도 않게, 그러나 어쩌면 더 영악하게 아우슈비츠를 떠났다고 감히 말하고자 한다. 언젠가 아르투어 슈니츨러[36]가 "깊은 생각Tiefsinn은 세계를 결코 밝히지 못하지만, 분명한 생각Klarsinn은 세상을 더 깊이 바라본다."라고 말한 적이 있었다. 이 같은 지혜를 체화하기 위해 우리는 수용소, 곧 아우슈비츠보다 더 적당한 곳을 알지 못한다. 다시 한 번 인용하자면, 오스트리아 사람으로 제3제국 시기의 처음 몇 년 동안 소신 있는 발언을 했던 카를 크라우스[37]의 말은 다음과 같다. "저 세상이 깨어났을 때, 말은 잠들었다." 그는 물론 형이상학적인 '말'의 변호인으로 말했지만, 과거 수용소 수감자인 우리들은 "말"에 대한 **회의**Skepsis를 가지고 그의 말을 따라 한다. 현

---

36 Arthur Schnitzler(1862~1931). 오스트리아의 소설가·극작가. 19세기 말 빈 모던Wiener Moderne의 대표적 작가.

37 Karl Kraus(1874~1936). 유대인 출신의 20세기 초 오스트리아의 출판인·작가·풍자가·시인.

실이 총체적인 권리를 요구하는 한, 말은 어디서나 잠을 잔다고.
말은 우리에게는 이미 오래전에 숨을 거두었다. 우리에게는 말
의 죽음을 애도할 감정조차 남아 있지 않았다.

Die Tortur

고
문

여행자로 벨기에를 방문하는 사람은 어쩌면 우연한 여정을 통해 브뤼셀에서 안트베르펜 사이의 중간 지점에 놓인 브렌동크Breendonk 요새에 이르게 될지도 모른다. 그 시설물은 제1차 세계대전 당시의 요새로, 그때 어떤 운명이 그 요새에 부가되었는지 나는 알지 못한다. 제2차 세계대전 때인 1940년 5월 벨기에군이 저항했던 짧은 18일 동안 브렌동크는 레오폴드 왕의 마지막 주둔지였다. 그러고 나서 독일군의 점령 아래에서는 일종의 작은 강제수용소, 곧 제3제국의 로트벨쉬어[1]로 말하면 임시 수용소Auffanglager가 되었다. 오늘날 그곳은 벨기에 국립박물관으로 사용되고 있다.

브렌동크 요새는 첫눈에 아주 낡아 보이고, 거의 역사적인

---

1 일정한 거주지 없이 유랑하는 주변 집단이나 하위 집단들이 구사한 독일어 방언.

건물처럼 보인다. 언제나 비가 내리는 플랑드르의 잿빛 하늘 아래 둥근 지붕 위에 풀이 나고, 짙은 잿빛 담벼락과 함께 서 있는 요새의 외양은 1870년대 전쟁의 우울한 동판화 같은 분위기를 자아낸다. 사람들은 그라벨로트Gravelotte와 스당을 생각하고, 육중하게 엎드린 성문 중 하나에서 패배한 황제 나폴레옹 3세가 손에 군모를 들고 나타날 것 같은 인상을 받는다. 좀 더 가까이 다가가면 지나가 버린 시간의 속절없는 모습이 우리에게 더 익숙한 다른 이미지로 대체된다. 감시탑들이 요새 주변의 해자垓字를 따라 솟아 있고, 가시철조망으로 된 울타리가 그것을 둘러싸고 있다. 1870년의 동판화는 다비드 루세[2]가 '집단 수용소의 세계l'Univers Concentrationnaire'라고 불렀던 저 세계의 잔인한 사진과 재빨리 중첩된다. 국립박물관의 큐레이터들은 모든 것을 1940~1944년의 모습 그대로 보관했다. 색이 변한 담장의 안내문에는 "계속 앞으로 나갈 경우 발포함."이라고 적혀 있다. 요새 앞에 세워진 열정적인 저항 기념비(기이하게 슬라브식으로 보이는 머리를 고집스럽게 쳐들고 무릎을 꿇도록 강요당하는 남자의 모습), 경고를 위한 이 기념비가 있는 **그곳**이 기억 속의 **무엇**을 불러내는지를 방문객에게 굳이 밝힐 필요는 없을 것이다.

중앙 성문을 통해 들어가면 곧 하나의 공간이 나오는데, 그

---

2 David Rousset(1912~1997). 프랑스의 작가. 정치적 행동으로 부헨발트 수용소에 수용되었다.

곳은 당시에는 신기하게도 '업무실'이라고 불렸다. 벽에는 하인리히 힘러[3]의 사진 하나, 긴 책상 위에는 철십자가 새겨진 깃발이 수건처럼 놓여 있고, 의자가 몇 개 있다. 업무실. 각자는 자기 업무를 보는데, 그 업무란 살해였다. 그다음으로는 당시에 그곳에 달려 있던 것과 동일하게 가늘고 붉은빛을 발하는 전구로 희미하게 밝혀진 음습한 지하실 같은 복도가 나온다. 엄청나게 두꺼운 나무문으로 잠긴 형무소 감방들, 무거운 창살문을 계속 지나가면 마침내 여러 가지 낯선 쇠도구들이 여기저기 걸려 있는 창문 없는 둥근 천장의 지하실 안으로 들어가게 된다. 그곳에서부터는 어떤 소리도 바깥으로 새어 나가지 않는다. 그곳에서 내게 고문이 가해졌다.

고문에 대해 말할 때면 과장하지 않도록 스스로 자제해야 한다. 이 둥근 천장의 지하실에서 내게 가해졌던, 말로는 할 수 없는 고문은 넓은 의미에서는 최악의 것은 아니었다. 사람들은 내 손톱 밑을 불에 달군 바늘로 찌르지도 않았고, 불이 붙은 담배를 노출된 가슴에 비벼대지도 않았다. 그곳에서는 내가 이제 말하게 될 것들이 가해졌을 뿐이다. 비교적 견딜 만한 것이었고, 내 몸에 눈에 띄는 흔적을 남기지도 않았다. 그런데도 그것이 일어난 지 22년이 지난 지금 나는 전체 범위를 결코 측정할 수 없

---

3 Heinrich Himmler(1900~1945). 나치 친위대SS 지도자로, 친위대와 게슈타포를 지휘했다. 유대인 대학살의 실무를 주도한 최고 책임자이기도 하다.

는 그 경험을 근거로 주장하려 한다. 고문은 한 인간이 내면에 간직할 수 있는 가장 끔찍한 사건이라고.

그러나 그 같은 것은 많은 사람에게는 상쇄되었을 것이고, 끔찍한 것이 유일성에 대한 권리를 갖지는 못한다. 대부분의 서방 국가에서 제도와 방법으로서의 고문은 18세기 말에 폐지되었다. 그럼에도 불구하고 200년이 지난 오늘날 여전히 사람들은 겪었던 고문에 대해 이야기하고, 얼마나 많은 사람이 고문을 받았는지는 아무도 모른다. 나는 이 원고를 쓰면서 사진이 실린 한 신문을 읽었는데, 그 사진에서는 월남 군인들이 붙들린 베트콩 반란군을 어떻게 고문하는지를 볼 수 있다. 영국의 소설가 그레이엄 그린⁴은 그것을 보고 런던의《데일리 텔레그래프 The Daily Telegraph》에 다음과 같은 편지를 썼다.

"영국과 미국 언론에 의해 공개된 이 사진에서 새로운 것은 사람들이 분명 고문 담당자의 동의 없이 그것을 찍었다는 것과 그 사진들이 아무런 설명 없이 배포되었다는 것입니다. 그것은 마치 동물학 관련 책에 실려 있는 곤충의 삶에 관한 사진처럼 보입니다. 미국의 관계 당국이 고문을 전쟁 포로들을 심문하기 위한 합법적 형태로 보고 있다는 것을 말하는 것일까요? 이 사진들은 말하자면 솔직함의 표시인데, 관계 당국이 눈을 감지 않았다는 것을 보여 주기 때문입니다. 나는 사람들이 결국 이 같은

---

4 Graham Green(1904~1991). 영국의 소설가. 작품에《권력과 영광》이 있다.

무의식적인 솔직함을 과거를 숨기는 것보다 선호하는 것은 아닌지 질문합니다……."

우리 모두는 그린의 질문을 제기한다. 고문에 대한 고백, 그 것은 모험이지만, 여전히 그럴까? 그 같은 종류의 사진이 언론에 실린다는 것은 양심의 반란을 더 이상 두려워하지 않는다는 전제 아래에서만 설명이 가능하다. 양심은 고문의 실제에 이미 습관이 되었다고 말할 수 있다. 고문은 수십 년 동안 오로지 베트남에서만 가해졌던 것도 아니고 현재도 그렇다. 나는 그것이 남아프리카, 앙골라와 콩고의 형무소에서 어떻게 이루어지는지 알고 싶지는 않다. 그러나 1956년과 1963년 사이에 프랑스령 알제리의 형무소에서는 어떻게 이루어졌는지 알고 있고, 아마도 독자들도 이미 들어서 알고 있으리라. 그것에 관해 소름끼칠 정도로 자세하고 냉철하게 다룬 책이 있는데, 유포가 금지된 앙리 알레그[5]의 《의문 La question》이다. 그것은 목격자이자 몸소 겪은 증인의 보고로, 간결하지만 요란하지 않게 참혹함을 기록했다. 1960년경에는 그 같은 주제에 대해 수많은 다른 책들과 소책자들이 출판되었다. 예컨대 유명한 변호사인 알렉 멜로르Alec Mellor 의 학식 높은 범죄학 관련 논문들, 출판인 피에르 앙리 시몽Pierre

---

5 Henri Alleg(1921~2013). 알제리 출신의 프랑스 저널리스트. 알리 조르주 지라르Henri Georges Girard와 함께 알제리 독립운동 투사들에게 가한 고문과 불법 행위에 관한 《의문》을 집필했다.

Henri Simon의 항의문, 비알라투Vialatoux라는 이름의 신학자가 행한 도덕철학적 연구 등이 그것이다. 프랑스 국민의 절반이 알제리에서의 고문에 반대하는 시위를 했다. 이 민족의 명예로운 업적이라고 충분히, 그것도 자주 강조해야 한다. 좌파 지식인들은 반대 시위를 했고, 가톨릭계 노조원들과 다른 기독교 평신도들은 안전과 생명에 대한 위험과 고문에 단호히 반대했다. 비록 우리에게는 지나치게 신중하다고 느껴졌지만, 교회의 고위직 사람들도 자신들의 목소리를 높였다.

그 나라는 자유를 사랑하는 그 어두운 시절에도 완전히 자유를 빼앗기지 않은 위대한 프랑스였다. 그러나 다른 곳에서는, 브렌동크의 둥근 천장 밑 지하실에서 한때 낯설고 무시무시한 나 자신의 울부짖음처럼 그 외침은 세상으로 새어 나가지 않는다. 헝가리에 총리가 관직에 올랐는데, 그에 관해서는 전임자의 정권 아래에서 고문 담당관에 의해 손톱이 뽑혔다는 말이 회자되었다. 다른 사람들은 모두 어디 있으며 누구인가? 사람들은 그들에 대해 아무것도 알지 못하고 결국 아무것도 듣지 못할 것이다. 사람들은 그 민족, 정부, 경찰서, 이름을 알고 있지만, 누구도 그것을 말하지 않는다. 고문을 가하면 그것은 밝혀질 것이다. 아마도 이 시간에, 이 순간에.

그러면 나는 어떻게 해서 제3제국과 관련된 고문에 대해 말하게 되었는가? 당연히 나 스스로 이 맹금의 균형 있게 펼쳐진 날개 밑에서 그것을 겪었기 때문이다. 그러나 단지 그 때문**만이**

아니라 나의 모든 개인적 체험을 넘어 제3제국에서는 고문이 우연한 일이 아니라 핵심이었다는 사실을 확신하기 때문이다. 그러면 나는 격렬한 반박이 제기되는 것을 듣고, 내가 이 같은 주장으로 위험한 곳을 건드린다는 것을 알고 있다. 나는 나중에 그 이유를 대려고 시도할 것이다. 그러나 우선 내 경험의 내용이 도대체 무엇인지, 브렌동크 요새 지하의 습기 찬 공기 속에서 무슨 일이 일어났는지를 보고하려 한다.

나는 1943년 7월 게슈타포에 의해 체포되었다. 이른바 전단지 사건이었다. 내가 속했던 그룹은 벨기에 레지스탕스 운동에 가담한 독일어를 사용하는 소규모 조직으로, 독일 점령군의 소속원들에게 반나치 프로파간다 운동을 하는 중이었다. 우리는 상당히 초보적인 선동 자료를 만들었고, 그것으로 독일 군인들에게 히틀러와 그 전쟁의 잔인한 광기에 대해 깨우쳐 줄 수 있을 것이라고 믿었다. 적어도 오늘날의 나는 당시 우리의 옹색한 말들이 소귀에 경 읽기였다는 것쯤은 알고 있다. 자신들의 막사 앞에서 우리의 복사물을 발견한 회녹색 군복을 입은 군인들은 즉각, 구두 굽을 딸각거리며 선임자에게 전달했으며, 그들 또한 똑같이 업무적으로 신속하게 안보부에 알렸을 것이라는 추정이 가능하다. 그러자 이 안보부 사람들은 상당히 빨리 우리의 흔적을 알아내어 우리를 색출했다. 내가 체포된 순간에 가지고 있던 전단지 중의 하나에는 간결한 프로파간다식의 서툰 글귀가 들어 있었다. "친위대 폭도들과 게슈타포 놈들에게 죽음을!"

그런 전단지를 소지한 채, 가죽 외투를 입고 권총을 겨눈 남자들에게 체포된 사람은 아무런 환상도 가질 수 없었다. 나는 더이상 한순간도 환상을 갖지 않았는데 (부당하게도, 그리고 오늘날에는 분명한 것처럼) 그 시스템과 사람들, 그 방법에 대해 오래전부터 속속들이 아는 사람처럼 느껴졌기 때문이었다. 한때《노이에 벨트뷔네Neue Weltbühne》[6]와《노이에스 타게부흐Neues Tagebuch》의 독자였던 사람들은 1933년부터 독일 난민의 강제수용소 문학에 정통해 있었고, 나는 내 앞에 무슨 일이 닥칠지 내다볼 수 있었다. 제3제국이 시작되고 며칠 만에 나는 베를린의 게네랄 파페 가街에 있는 돌격대SA 병영의 지하실에 관해 들은 적이 있었다. 그 후에 내가 아는 바로는 독일 강제수용소에 대한 최초의 기록이라 할 수 있는 게르하르트 제거Gerhart Seger의 소책자《오라니엔부르크Oranienburg》를 읽었다. 그때부터 나는 과거에 게슈타포에 의해 수감된 사람들에 관해 너무나 많은 사실을 알게 되었고, 이 영역에서는 내게 더 이상 새로운 것이 없을 것이라고 생각했다. 일어난 것들은 곧바로 관련 문헌 속에 포함되었으리라. 심문, 구타, 고문. 모든 가능성에 따르면 결국은 죽음이었다. 그렇게 적혀 있고, 그렇게 진행될 터였다. 게슈타포 단원은 수감

---

6 1905년 창간되어 1993년까지 존속했던 정치, 문화, 경제 전문 독일 주간지. 쿠르트 투홀스키Kurt Tucholsky, 카를 폰 오츠키 등이 편집인으로 활동했다. 제국의회 방화사건 후 정간되었다가 망명지에서 계속 발간되었다.

자들이 손이 묶인 상태에서 창문을 열고 뛰어내려 가까운 들보에 도달하는 수법을 알고 있기 때문에 나를 체포한 후 창문에서 물러나라고 명령했다. 그가 내게서 그처럼 많은 결단력과 능숙함을 믿는 것은 나를 과대평가한 것이었지만, 그 명령에 복종하면서 나는 정중히 부인하는 신호를 보냈다. 나는 그 같은 신체적인 조건도, 그렇게 모험적인 방법으로 운명에서 달아날 의도나 용기도 전혀 없었다. 나는 무슨 일이 닥칠지 알고 있고, 당신들은 그것에 대한 나의 동의를 믿어도 좋다고.

그러나 사람들이 정말 알고 있을까? 어쩌면 반쯤 알았겠지. 마르셀 프루스트Marcel Proust에는 "Rien n'arrive ni comme on l'espère, ni comme on le craint"라는 구절이 있다.[7] 실제로는 어떤 것도 우리가 원하는 대로 일어나지 않고, 우리가 두려워하는 대로 일어나지도 않는다는 것이다. 말하자면 사건이 '상상력을 능가하기' 때문이 아니라(그것은 양적인 문제가 아니다), 그것은 현실이지 상상이 아니기 때문이다. 우리는 상상한 것과 실제적인 것을 분리시키는 쪽으로 인생의 방향을 취할 수도 있고, 그럼에도 불구하고 결코 그것을 해내지도 못한다. 실제로 많은 것은 사람들이 상상해서 미리 취한 대로 대략 그렇게 일어난다. 가죽 외투를 입은 게슈타포 단원이 자신의 희생제물을 향해 총신을 겨누면, 그렇게 해서 그들은 이미 자신의 정당성을 가진다.

---

7   원래 알퐁스 카Alphonse Karr의 말을 프루스트가 인용한 것이다.

그러나 그다음에는 놀랍게도 그자들이 단순히 가죽 외투와 권총만 가진 것이 아니라 얼굴도 가지고 있다는 것을 깨닫게 된다. 책에 나와 있는 것처럼 거꾸로 된 코와 비대한 턱, 종두와 마마 자국을 가진 '게슈타포'의 얼굴이 아니었다. 여느 사람과 같은 아주 평범한 얼굴이었다. 그리고 무시무시하고, 추상화시키는 모든 상상력을 무너뜨리는 다음 단계의 인식은 그 평범한 얼굴이 결국에는 어떻게 게슈타포의 얼굴이 되는지, 그리고 어떻게 악이 평범함과 겹쳐지고 그 평범함을 강화하는지 분명히 해준다. '악의 평범함'이란 존재하지 않고, 아돌프 아이히만Adolf Eich-mann에 관한 책에서 그것에 관해 썼던 한나 아렌트Hannah Arendt는 인류의 적에 대해 들어서만 알 뿐이고, 오로지 유리로 된 새장을 통해서만 그를 보았을 뿐이다.

하나의 사건이 우리에게 최고조로 도전해 오는 곳에서는 평범함에 대해 말해서는 안 된다. 왜냐하면 이 지점에는 어떤 추상성도 더 이상 존재하지 않고, 현실에 근접하기만 하는 상상력이란 결코 존재하지 않기 때문이다. 자동차가 누군가를 매단 채 달린다면 그것을 신문에서 읽을 때만, 그리고 우리가 전단지를 포장하는 동안에는 이성적으로 '그래? 그래서 어떻게 됐지?'라고 말할 때만 당연하다. 어느 날 내게 그런 일이 일어날 수 있고, 일어날 것이다. 그러나 자동차는 다르고, 족쇄의 압력은 미리 느낄 수 있는 것은 아니며, 길은 낯설고, 게슈타포 숙소의 문 앞을 이전에도 무수히 지나다녔을지라도 수감자로 그 문지방을 넘으면 다른 모습과 다른 장식과 다른 마름돌을 가진다. 우리가 현실에 내던져지고 현실의 빛이 우리의 눈을 멀게 만들고 골수까지 파고들면 모든 것은 저절로 이해되고, 또 그 어떤 것도 자명하지 않다.

그래서 사람들이 '정상적인 삶'이라고 부른 것은 미리 취한 상상 속이나 유치한 진술 속에서나 펼쳐질 수 있다. 내가 신문한 부를 사면 나는 '신문을 사는 한 남자'이다. 이 행위는 내가 이전에 행한 행위와 구분되지 않고, 나보다 먼저 그 행위를 했던 수백만 명의 사람들과 나 자신은 구분되지 않는다. 나의 상상력이 그 현실을 완전히 파악할 만큼 충분하지 않기 때문일까? 아니다. 일상 자체의 현실은 직접적인 체험 속에서도 기호화된 추상화일 따름이기 때문이다. 사실 우리는 우리 삶의 드문 순간에만 이 사건, 이 현실과 마주하게 된다.

그러나 그것이 고문이어서는 안 된다. 체포와 내가 받은 첫 번째 구타로 충분하다. "네가 말을 하면 너는 야전 경찰의 감방으로 보내질 것이다. 그러나 자백하지 않으면 그때는 브렌동크로 간다. 그것이 뭘 말하는지 너도 알겠지."라고 평범한 얼굴을 가진 사내들이 내게 말했다. 나는 알기도 하고 모르기도 했다. 어쨌거나 나는 신문을 산 남자와 비슷하게 행동했고, 미리 예상했던 대로 말했다. 나는 철저히 알고 있는 브렌동크를 어떻게든 피하고 싶었고, 사람들이 내게서 듣기 원하는 것을 말했을 것이다. 다만 유감스럽게도 나는 그것에 대해 전혀 혹은 거의 아무것

76

도 알지 못했다. 동료들에 대해서는 가명만 알고 있을 뿐이었다. 은신처라고? 그러나 우리는 오직 밤에만 은신처로 옮겨졌으며, 정확한 주소를 한 번도 알지 못했다. 그러나 그것은 그자들에게는 너무나 평범한 수다일 뿐, 그런 말을 하는 것은 아무런 도움이 되지 않았다. 그들은 경멸하듯이 웃었다. 그러고는 나는 갑자기 **첫 번째 구타**를 느꼈다.

심문 시의 구타는 범죄학적으로는 별다른 의미를 갖지 않는다. 구타는 소리 없이 행해지고 받아들여지는, 자백을 원치 않는 반항적인 수감자에 대한 일반적인 보복 조치이다. 변호사 멜로르와 그의 책 《고문 La Torture》의 내용을 믿는다면, 영국과 벨기에를 제외한 서구 민주주의 국가의 거의 모든 경찰 관청에서 다소간의 구타가 행해진다. 미국인들은 '세 번째 등급', 곧 경찰 심문의 세 번째 등급에 대해 말하는데, 거기서는 몇 번의 주먹질보다 더 심각한 상황에 이르는 경우가 종종 있다. 프랑스는 경찰 구타에 대해 친절하게도 무해한 은어隱語를 찾아냈다. 사람들은 그것을 수감자들이 "담배를 피우면서 하는 말passage à tabac"이라고 표현한다. 제2차 세계대전 후에도 여전히 프랑스의 한 고위 형사는 자기 부하들을 위해 쓴 책에서, 심문할 때 "합법적인 테두리 속에서" 신체적 억압을 포기하지 않는 방법에 대해 세부적으로 엄청나게 풍부하게 기술하고 있다.

이따금 경찰 내에서의 그 같은 고문 과정이 언론에 의해 폭로될 때에도 여론은 대부분 까다롭게 반응하지 않는다. 예외적으로 좌파 성향의 의원이 한 번쯤 의회에서 호소하기도 한다. 그러나 그다음에는 다시 잠잠해진다. 구타한 경찰관을 그의 선임자가 적극적으로 덮어주지 않았다는 말을 나는 한 번도 들어본 적이 없다. 실제로 본래의 고문과 함께 헤아릴 수 없이 많은 단순 구타는 일반인에게까지 파급되는 메아리를 남기지는 못한다 하더라도, 고통을 당해야 하는 사람에게 그 경험은 깊이 각인된다. 소모적이고 장황한 말 대신 짧게 서술하자면 그것은 바로 끔찍함에 대한 경험이다. 첫 번째 구타는 수감자에게 자신이 **무력함**을 깨닫게 만들고, 그렇게 함으로써 그는 나중에 닥칠 모든 일의 싹을 이미 인식한다. 대부분의 사람들이 알고 있었을 테고, 물론 그 같은 앎이 생명의 빛깔을 가졌을 리 없겠지만, 이 첫 번째 구타에서 감방에서의 고문과 죽음을 이미 실제적인 가능성으로, 말하자면 확실한 사실로 예상하게 된다. 사람들이 주먹으로 내 얼굴을 가격한다면, 둔중한 놀라움 가운데 내가 희생 제물임을 깨닫고, 마찬가지로 둔중하지만 확실하게 그 사람들이 내게 자기들이 원하는 짓을 할 것이라는 결론에 이른다. 바깥에서는 아무도 그것에 대해 알지 못하고, 그 누구도 나를 위해 책임을 지지 않는다. 아내든, 어머니든, 형제든, 친구든 도와주려고 하는 어느 누구도 그 안으로 들어올 수 없다.

구타를 당해 보지 않은 사람이 첫 번째 구타와 더불어 인간의 존엄을 상실한다고 말한다면 그것은 진술하는 바가 별로 없다. 나는 인간의 존엄이 무엇인지 제대로 알지 못한다는 것을 고백해야 한다. 날마다 목욕하는 것이 불가능해진 상황을 인간의 존엄을 상실했다고 말하는 사람도 있을 것이다. 관공서에서 자신의 모국어가 아닌 다른 언어로 말해야 할 때, 존엄성을 잃어버렸다고 말하는 사람도 있다. 앞의 경우는 인간 존엄이란 특정한 물질적 안락함과 관련되고, 뒤의 경우에는 자유로운 의사 표현이 문제가 되는데, 또 다른 경우에는 동성 파트너와의 성적 교제가 될 수도 있다. 그래서 나는 경찰관들에게 구타당한 사람이 인간의 존엄을 상실한 것인지 아닌지를 알지 못한다. 그러나 그 사람은 자기에게 가해진 첫 번째 구타와 더불어 우리가 **세상에 대한 신뢰**라고 부르고 싶어 하는 것을 이미 상실하게 될 것이라고 생각한다. 세상에 대한 신뢰, 여기에는 많은 것이 포함된다. 예를 들면 비합리적이고 논리적으로 정당화할 수는 없지만 깨뜨릴 수 없는 인과론에 대한 믿음이라든가, 귀납적 추론의 타당성과 같은 정도의 맹목적인 믿음 같은 것 말이다. 그러나 우리의 맥락에서 더 중요한 것은 세상에 대한 신뢰로 다른 사람이 명문화된 혹은 명문화되지 않은 사회적 계약을 바탕으로 나를 보호해 주리라는 믿음, 그 사람이 나의 신체적 상황과 더불어 나의 형이상학적 상황도 존중한다는 확신을 말한다. 내 몸의 경계는 내 자아의 경계이기도 하다. 피부는 외부 세계에 대해 나를 보호한다. 내가 신뢰를 가지려면 내 피부의 표면에서 내가 느끼**고자 하는 것**을 느낄 수 있어야 한다.

　그러나 첫 번째 구타와 함께 세상에 대한 이 같은 신뢰가 무너진다. 내가 세상에서 신체적으로는 **반대**하지만, 경계로서의 내 피부의 표면에 접촉하지 않는 한 **함께** 존재할 수 있는 다른 사람은 그 첫 번째 구타로 내게 자신의 육체성을 강요한다. 그는 내게 접촉함으로써 나를 파멸시킨다. 그것은 강간, 곧 두 당사자 중 한 사람의 동의가 없는 성행위와 같은 것이다. 성공적으로 저항할 수 있는 최소한의 가능성이라도 있다면 물론 그동안 다른 사람에 의한 경계 침범을 바로잡는 메커니즘이 작동할 것이다. 내 편에서 정당방위를 시도할 것이고, 나 자신의 육체성을 객관화할 것이며, 나의 지속적인 존재를 위해 신뢰를 다시 회복할 것이다. 그리고 나면 사회적 계약은 다른 텍스트, 다른 제한규정을 가진다. 그것은 곧 눈에는 눈, 이에는 이라는 규정이다. 사람들은 그 규정에 따라 자신의 삶의 방향을 정할 수도 있다. 다른 사람이 내 이빨을 뽑는 곳에서 우리는 부어오른 눈을 내리깔고, 동료에서 적으로 변한 적대자를 무방비 상태로 참고만 있을 수는 **없는** 것이다. 그러나 어떤 도움도 기대할 수 없다면 다른 사람이 우리의 신체를 제압하는 것은 결국 완전히 실존적인 절멸 행위가 된다.

도움에 대한 기대, 도움에 대한 신념은 실제로 인간이나 동물의 근본적인 경험에 속한다. 자연에서 상호 간의 도움에 대해 말했던 나이 든 크로포트킨[8]과 근대의 동물행동 연구가인 콘라

---

8 Pyotr Alekseevich Kropotkin(1842~1921). 러시아의 아나키스트 · 지리학

트 로렌츠Konrad Lorenz는 이에 대해 설득력 있는 주장을 내놓았다. 도움에 대한 기대는 심리적인 구성요소인 동시에 존재를 위한 투쟁이다. 고통으로 신음하는 아이에게 어머니는 "잠시만 기다려, 금방 따뜻한 우유를 줄게. 네가 아프게 두지 않을 거야."라고 말한다. "당신에게 약을 처방할 것이고, 그 약은 당신에게 도움이 될 겁니다."라고 의사는 환자를 안심시킨다. 전장에서조차 적십자의 앰뷸런스는 부상자를 향한 길을 찾아낸다. 삶의 거의 모든 상황에서 신체적 훼손에는 도움에 대한 기대가 뒤따른다. 신체적 훼손은 도움에 대한 기대로 균형을 잡는다. 그러나 경찰의 주먹에 의한 최초의 일격에 대해서는 그 어떤 방어도 있을 수 없고, 어떤 도움의 손길도 막아줄 수 없으며, 그로써 우리 삶의 일부를 끝내고, 결코 다시는 일깨울 수 없게 된다.

물론 여기서 경찰이 가하는 구타의 현실성을 처음에는 어느 정도 받아들일 수 있다는 사실을 덧붙일 수 있다. 첫 번째 구타의 실존적 공포는 재빨리 사라지고 심리적 공간은 수많은 실제적 성찰을 위해 자유롭게 남아 있기 때문이다. 심지어는 놀라움에 약간의 유쾌함이 섞이기도 하는 것은 육체적 고통이란 완전히 견딜 수 없는 것은 아니기 때문이다. 우리에게 가해진 구타는

자 · 작가. 《빵의 정복Die Eroberung des Brotes》이라는 책을 썼다. 폭력과 지배로부터 자유로운 사회를 위해 투쟁했으며, 대표적인 공산주의 아나키스트로 알려져 있다.

주관적으로 보면 무엇보다 공간적이고 음향적인 특징을 지닌다. 공간적이란 얼굴과 머리를 얻어맞은 수감자는 그 안에서 보이는 모든 대상과 함께 방이 뒤로 밀쳐지는 느낌을 받기 때문이다. 음향적이란 전반적인 으르렁거림 속에서 마침내 내려치는 어두운 천둥소리를 듣는 것처럼 느껴지는 것을 말한다. 구타는 마취 상태처럼 작용한다. 극심한 치통이나 곪은 상처의 격렬한 후끈거림 같은 고통이 나타나는 것은 아니다. 그래서 구타를 당하는 사람은 대충 다음과 같이 느낀다. '그래, 참을 수 있을 거야. 너희가 나를 실컷 때려도 그것은 너희에게 아무 소용이 없어.'

결국 그들은 아무것도 얻을 수 없었고, 주먹질하는 것에도 지쳐 보였다. 아무것도 알지 못한다는 말만 반복하자 사람들은 내게 겁을 주기 위해 말했던 대로 수비대가 총괄하는 브뤼셀의 형무소가 아니라 친위대 소속의 '브렌동크 수용소'로 곧장 나를 보냈다. 여기서 잠시 숨을 들이켜면서, 자동차로 달렸던 브뤼셀-브렌동크 구간의 25킬로미터 남짓한 플랑드르 지방에 대해, 비록 팔목의 수갑 때문에 통증을 느끼기는 했지만 바람에 물결치던 포플러 나무를 황홀하게 바라보았던 느낌에 대해 이야기하는 것은 매혹적일 테다. 그러나 그것은 우리를 옆길로 새게 만들 것이기에 서둘러 다시 주제로 돌아와야겠다. 하지만 첫 번째 성문을 지나 버팀목으로 받쳐진 교량 위로 들어가는 의식에 대해서만큼은 이야기해야 한다. 거기서는 심지어 게슈타포 대원들도 보초 서는 친위대원에게 자신의 적법성을 증명해야 했다. 수감자들은 지금껏 겪은 그 모든 것에도 불구하고 여전히 사태의 심각성을 깨닫지 못했더라도, 그곳 감시탑 아래의 기관총을 바라보면서, 일종의 어두운 엄숙함을 갖춘 입장 의례 앞에서 이제 세상의 끝에 도달했다는 사실을 인식하게 된다.

그것은 내가 앞서 말했던 '업무실'에서 아주 재빨리 진행되었다. 사람들이 여기서 행하는 업무란 분명 번창하는 사업이었다. 사진 속에서 코안경을 쓰고 있는 힘러의 차가운 눈길 아래, 검은 목깃에 SD라는 글씨가 새겨진 유니폼을 입은 남자들이 문을 거칠게 여닫으며, 장화 신은 발자국 소리를 내면서 들락거렸다. 그들은 막 도착한 사람들, 게슈타포 단원이나 수감자들에게 아무 말도 걸지 않고, 대단히 빠른 속도로 나의 위조 신분증에 나와 있는 데이터들을 적었고, 나의 보잘것없는 소지품을 재빠르게 빼앗았다. 그들은 지갑과 커프스 단추들, 그리고 넥타이를 몰수했다. 얇은 금팔찌는 그들의 조롱 섞인 주목을 끌었는데, 자신을 중요한 사람으로 보이고 싶어 하는 플랑드르 출신의 친위대원은 독일인 동료에게 그 금팔찌가 게릴라의 표식이라고 설명했다. 업무실에서 이루어지는 이 모든 과정에 대해서는 문서로 규정되어 있었다. 힘러는 만족스러운 듯이 거친 나무 탁자를 덮고 있는 군기와 자신의 부하들을 내려다보았다. 그것은 그들에 대한 신뢰였다.

주어진 약속을 이행해야 할 순간이 되었다. 나의 확고한 신념에 따라 고문이 왜 민족사회주의의 핵심인지를 설명해야 한다. 더 정확히 말하면 왜 제3제국이 자신의 존속 방식을 바로 고문 속에서 찾았는지를 말이다. 다른 어느 곳에서 고문이 행해졌는지, 그리고 행해지고 있는지에 대해서는 이미 다루었다. 분명 1964년 이후의 베트남, 1957년 알제리에서 고문이 행해졌고, 러시아는 아마도 1919년에서 1953년 사이일 것이다. 헝가리에서는 1919년 백인들과 공산주의자die Roten들이 고문을 했고, 스페인의 형무소에서 사람들은 프랑코주의자들에게서와 마찬가지로 공화주의자들에게서도 고문을 당했다. 양차 대전 사이에 폴란드, 루마니아, 유고슬라비아와 같은 반쯤 파시즘적인 동유럽 국가들에서도 고문 담당관들이 활동했다. 고문은 독일 민족사회주의자들의 발명품이 아니었다. 히틀러의 부하는 족제비처럼 재빠르고, 가죽처럼 질기고, 무쇠처럼 강인할 뿐, 아직 확실한 정체성을 갖추지 못했다. 딩의 황금빛 휘장은 그를 지도자이자 그 이데올로기의 완벽한 대변자로 만들어주지 못했고, 피의 훈장이나 기사 십자가 훈장도 마찬가지였다. 그는 "다른 사람의 고통을 견디는 가운데 위대해지기" 위해 고문을 하고 절멸시켜야 했다. 힘러는 누군가가 고문 도구를 다룰 줄 알면 그 사람에게 역사적인 증명서를 발급해서, 다음 세대가 자비심을 근절시킨 그를 경탄하게 만들었을 것이었다.

나는 다시 한번 격렬한 반박이 제기되는 것을, 말하자면 히틀러가 고문이었던 것이 아니라 뭔가 분명치 않은 것, 곧 '전체주의'가 고문이었다고 말하는 것을 듣는다. 사람들이 내게 공산주의의 사례를 들면서 외치는 소리를 듣는다. 34년 동안 소비에트 연방에서도 고문이 행해졌다고 나 스스로 말하지 않았는가? 아서 케스틀러[9]는 아닌가? 아, 그렇지. 나는 알고 있다. 이 자리에서 공산주의와 민족사회주의를 동일한 사물의 양면으로 정의한, 전후시기에 이루어진 국가와 정치 지도자에 대한 신비화를 다루는 것은 불가능하다. 사람들은 신물이 날 정도로 히틀러와 스탈린, 아우슈비츠와 시베리아, 바르샤바의 게토 담벽과 베를린의 울브리히트 장벽을 마치 괴테와 프리드리히 실러Friedrich Schiller, 프리드리히 클롭슈토크Friedrich Klopstock와 마르틴 빌란트Martin Wieland를 나란히 명명하는 것과 동일시했다. 여기서는 다만 나의 이름과 모든 비난의 위험을 암시하면서 토마스 만이 많은 사람의 질시를 받았던 인터뷰에서 했던 말을 반복하겠다. 그것은 말하자면 공산주의란 때때로 끔찍하게 보인다 하더라도 여전히 인간에 대한 **이념**을 표현한 것인 반면, 히틀러 파시즘은 이념이 아니라 오로지 사악함이라는 것이다. 결국 공산주의는 탈스탈린주의화했고, 서로 일치하는 보고들에 따르면, 오늘날 소련의 영향권에서는 더 이상 고문이 행해지지 않는다. 헝가리에서는 한때 스스로 스탈린주의 고문의 희생자였던 총리가 통치를 한다. 그러나 누가 탈히틀러화된 민족사회주의를 상상할 수 있

---

9 Arthur Koestler(1905~1983). 오스트리아-헝가리 제국 출신 작가. 여러 해 동안 공산당원이었지만 스탈린의 청산 작업을 보고 당을 떠났다.

으며, 누가 당시에 고문으로 연마된 에른스트 룀[10]의 추종자를 나치식으로 새롭게 개편된 유럽의 권위 있는 정치가로 상상할 수 있겠는가? 어느 누구도 그것을 상상할 수는 없다. 그것은 있을 수 없을 것이다. 어떤 이념도 제공하지 못했던 민족사회주의는 실패한 모든 이념의 혼란스러운 창고였기 때문에, 그때까지 이 세기의 유일한 정치적 제도였던 붉거나 흰 다른 테러 정부와 마찬가지로 반인간적인 지배를 실천해 보았을 뿐 아니라, 강력한 원칙으로 제시했던 것이다. 민족사회주의에는 휴머니즘이란 단어가 경건한 사람들에게 죄라는 단어처럼 증오스러웠고, 그래서 휴머니즘을 병이라고 불렀다. 민족사회주의는 뿌리를 뽑고 노예화했으며, 단순히 범행 도구 Corpora delicti를 만들었을 뿐 아니라 이론적으로도 충분히 강화했다. 나치들은 다른 사람들과 마찬가지로 고문을 했는데, 고문을 통해 국가정책상 중요한 정보를 얻으려 했기 때문이다. 그러나 그 외에도 그들은 양심에 거리낌 없이 고문을 했다. 그들은 수감자들을 특정한, 매번 아주 특수한 목적을 위해 고문했다. 그러나 그들은 무엇보다 자신들이 고문 담당관이었기 때문에 고문했던 것이다. 그들은 고문을 이용했다. 그러나 그들은 그 고문에 더 열렬히 봉사했다.

---

10 Ernst Röhm(1887~1934). 독일 민족사회주의자이자 돌격대SA 지도자. 돌격대의 세력이 커지자 친위대 소속의 힘러, 괴링, 하이드리히에 의해 쿠데타와 동성애란 죄목으로 감옥에 보내지고 나중에 총살당했다.

당시의 사건을 회상하면 내 앞에 있던 남자가 아직도 떠오른다. 그는 갑자기 업무실에 들어왔는데, 브렌동크에서는 아주 중요한 인물처럼 보였다. 그는 야전회색 유니폼 위에 친위대원의 검은 칼라를 하고 있었지만, 사람들은 그를 '소위님'이라고 불렀다. 그는 땅딸막한 체구에 골상학의 피상적인 설명에 따르면 곰이라도 물어뜯을 정도로 강인하고, 유쾌하다고 할 수 있을 만큼 살찌고 다혈질적인 얼굴을 하고 있었다. 그의 목소리는 허스키했고, 억양에는 베를린 사투리가 섞여 있었다. 손목에는 가죽으로 된 1미터가량의 황소 채찍이 매달려 있었다. 그런데 나는 나중에 익히 알게 된 그의 이름을 왜 밝혀서는 안 되는가? 아마도 그의 몸 상태는 좋은 것 같았고, 일요일의 피크닉에서 자동차로 집으로 돌아올 때면 자신의 건강하고 붉은 피부 아래서 힘이 넘쳐남을 느꼈을 것이다. 내가 그의 이름을 밝히지 않을 이유가 없다. 여기서 고문 전문가의 역할을 했던 그 소위의 이름은 프라우스트, P-R-A-U-S-T였다. "이제 곧 벌어질 거야"라고 그는 덜거덕거리며 기분 좋게 내게 말했다. 그러고 나서 그는 언제나 창살문이 열렸다가 굉음을 내며 다시 닫히는 불그스름한 불빛이 비치는 복도를 지나 이미 기록한 바 있는 지하 동굴의 벙커 안으로 나를 데려갔다. 그와 나 외에 나를 체포했던 게슈타포 단원들이 함께 있었다.

마침내 고문을 분석하는 것에 이르면, 나는 독자에게는 유감스럽게도 일어났던 것을 세부적으로 기술하겠지만, 최대한 간략하게 하려고 노력할 것이다. 벙커로 사용되는 지하 동굴의 천장에는 롤러 속에서 돌아가는 체인이 걸려 있었는데, 그 체인의 아랫부분에는 흔들거리는 강력한 쇠갈고리가 달려 있었다. 사람들은 나를 그 기구로 끌고 갔다. 갈고리는 내 등 뒤로 두 손을 묶은 수갑 안으로 연결되었다. 그런 다음 그들은 바닥에서 1미터 정도의 높이까지 나를 매단 체인을 끌어 올렸다. 그 같은 자세로 손이 등 뒤에 묶인 채 공중에 매달리게 되면 근육의 힘 때문에 아주 순간적으로 반쯤 기울어진 자세를 취하게 된다. 이 몇 분 동안에 이미 극단적으로 힘을 소진하기 때문에, 벌써 이마와 입술에는 땀이 맺히고 숨을 헐떡이며 어떤 질문에도 대답을 할 수 없는 지경에 이르게 된다. 공범자들은? 주소는? 회합 장소는? 그들은 거의 아무런 대답을 들을 수 없었다. 좁게 맞물린 어깨뼈에 모인 생명의 힘이 반응을 하지 않는 것은 힘이 완벽하게 소진되었기 때문이었다. 신체적으로 강인한 사람조차 그런 상황에서는 오래 버티지 못한다. 나에 관해 말하자면 나는 상당히 빨리 포기해야 했다. 이제 내 몸에는 어깨의 우지끈거림과 으스러짐이 있을 뿐이었고, 그것은 이 시간까지 잊히지 않는다. 상완골이 어깨뼈에서 튀어나왔다. 내 몸의 무게로 뼈들은 탈구되었고, 뒤에서부터 위로 찢겨진 채 머리 위에서 돌아가 버린 묶인 팔에 의지해서 허공에 매달려 있었다. 라틴어 'torquere'[11]에서 나온 고문Tortur은 뼈를 탈구

---

11 '비틀다', '고통을 주다'라는 뜻이다.

시킨다. 어원론을 따져보기 위한 얼마나 훌륭한 수업인가! 거기다 황소 채찍으로 내 몸을 내려치자 1943년 7월 23일에 내가 입고 있던 얇은 여름 바지는 곧바로 찢어져 버렸다.

여기서 내게 가해진 고통에 대해 기술하려는 것은 불합리한 것이다. 그것은 "내 어깨를 불에 달구어진 쇠로 지지는 것 같다" 혹은 "나의 뒤통수에 가해진 둔탁한 나무 몽둥이 같다"라고 할까? 이 같은 비유적 이미지는 다른 사람에게는 어울릴 수 있고, 결국 우리는 비유어의 절망적인 회전목마 속에서 차례로 웃음거리가 된다. 고통은 고통이다. 그것을 넘어서는 어떤 것도 말할 수 없다. 감정의 질은 비교할 수도, 기술할 수도 없다. 그것은 언어를 통한 전달 능력의 한계를 나타낼 뿐이다. 자신의 신체적 고통을 전달하려 하는 사람은 그것을 가해보고, 스스로 고문 집행자가 되어보아야 할 것이다.

고통이 어떠한지wie는 이미 언어적 소통의 한계를 벗어난다 하더라도 아마도 나는 그것이 무엇was이었는지에 대해서는 대략적으로 말할 수 있을 것이다. 그것은 내가 앞서 경찰의 구타에 대해 말했던 것들, 다시 말해 도움에 대한 기대로 중립화되지도, 방어를 통해 바로잡아질 수도 없는, 타자에 의한 내 자아의 경계 침해이다. 고문은 이 모든 것이었지만, 그보다 훨씬 더 많다. 고문에 의해 고통에 휩싸인 사람은 자신의 육체를 이전과는 전혀 다르게 경험한다. 그의 살은 전적으로 자기부정 속에서 현실화된다. 고문은 부분적으로는 완화된 형태로 도움을 기대하는 환자에게 나타나고 인식되는 것과 같은 순간을 가진다. 또한 우리가 자신의 신체를 느끼지 못할 때 잘 지내고 있다는 평범한 말은 실제로는 반론의 여지가 없는 진리이다. 그러나 인간의 육체화는 고문에서 완벽해진다. 고통으로 울부짖으며 폭력에 내맡겨진 어떤 도움도 기대할 수 없는, 어떤 정당방위의 가능성도 없이 고문을 당하는 사람은 오로지 육체일 뿐, 더 이상 아무것도 아니다. 토마스 만이 《마의 산》에서 자신의 신체가 절망적으로 고통당하면 당할수록 인간은 점점 더 육체적으로 된다고 기술한 것이 사실이라면, 고문은 모든 신체적인 확실함 중에서 가장 끔찍한 것이다. 결핵 환자는 만족한 상태에서 신체적 확실함을 즐길 테지만, 고문당하는 사람에게는 그것은 죽음의 예식이다.

우리는 계속해서 사고를 펼칠 수 있다. 그리고 고통이야말로 우리 육체성에 대해 생각해 낼 수 있는 최고조의 상태라고 말할 수 있다. 그러나 아마도 그보다 더 많을 것이다. 우리는 죽음을 말한다. 고통은 우리를 논리적으로 죽음으로 이끌지는 않지만, 고통을 통해 우리가 죽음에 대해 생각할 수 있는 감정의 길이 열렸다고 볼 수 있다. 결국 우리는 '육체=고통=죽음'이라는 등식 앞에 서는 것이고, 이 등식은 다른 이에 의해 우리를 육체화시킨 그 고문이 죽음의 모순성을 해체하고 우리에게 자신의 죽음을 체험케 한다는 가설로 축소된다. 이것은 말하자면 사실-도피 Sach-Flucht이다. 우리는 그것을 위해 개인적인 체험을 갖지 못할 뿐이고, 설명을 위해서는 고문이 지워질 수 없는 특성을 가진다는 사실을 덧붙여야 한다. 고문을 당했던 사람은 고문당한 대로 머무른다. 비록 병리적으로 객관적인 흔적을 입증할 수 없다 하더라도 고문은 그 속에서 소멸되지 않은 채 타오르고 있다. 고문의 경험은 사라지지 않는다는 사실이 고문을 당한 사람에게 생각의 비상을 정당화시켜 주는데, 비록 고공비행이 아니더라도 여전히 그것에 대한 타당성을 주장할 수는 있다.

나는 고문당한 사람에 대해 말한다. 그러나 고문을 하는 사람에 대해서도 한마디 할 수 있는 시간이다. 전자에게서 후자로 이어지는 다리는 없다. 현대의 경찰 고문은 두 당사자를 이어주는 이론적인 복잡성을 알지 못한다. 그러나 일종의 믿음이, 괴롭히는 쾌락과 괴롭힘을 당하는 고통 속에서 그들을 하나가 되게 한다. 고문 담당자는 스스로 신의 권리를 행사한다고 믿는데, 그것은 범죄자의 영혼을 순화시키기 때문이다. 이교도나 마녀도 고문 담당관에게 이 같은 권리를 결코 부정하지 않았다. 끔찍하고도 도착적인 둘만의 시간이 주어진다. 우리 시대의 고문에는 그것에 대해 아무런 흔적도 남아 있지 않다. 고문 담당관은 고문당하는 사람에게는 다른 인간이고, 그는 여기서는 그 자체로 관찰되어야 한다.

탈구된 채로 매달아 놓고 거꾸로 된 내 몸에 황소 채찍을 내려치던 다른 사람들은 누구였는가? 우리는 우선 한 가지 입장을 취할 수 있다. 그 입장에서 보면 그들은 단순히 거친 소시민이자 고문을 위한 하급 관리일 뿐이다. 그러나 우리가 악에 대해 평범한 것 이상의 통찰로 나아가려면 이 같은 관점을 가급적 빨리 버리는 것이 필요하다. 그렇다면 사디스트일까? 충분히 설명할 수 있는 나의 확신에 따르면 그들은 성性 병리학적 좁은 의미에서의 사디스트가 아니고, 나는 게슈타포 수용소와 집단 수용소에 체포되었던 2년 동안 이런 종류의 진짜 사디스트들을 만난 적이 없다고 생각한다. 성 병리학을 치워두고 이 고문 담당관은 사드Sade 남작의 **철학적** 카테고리에 따라 판단한다면 그들은 사디스트가 **맞다**. 단어의 원래 이해에서 '정상에서 벗어난ver-ruckte' 세계 관찰 방식으로서의 사디즘은 일반적인 심리학적 핸드북의 사디즘과는 다르고, 프로이트식 심리분석의 사디즘 해석과도 다르다. 그래서 여기서는 프랑스 인류학자 조르주 바타유Georges Bataille를 적용시켜 볼 수 있는데, 그는 이 어리석은 남작에 대해 아주 철저히 숙고했다. 그러면 내게 가학하는 사람은 사디즘 철학의 가장자리에 머물 뿐 아니라, 민족사회주의라는 전체 범위를 정의하기 어려운 '전체주의'의 특징보다는 **사디즘**이라는 특징으로 낙인찍혀 있다는 것을 알 수 있다.

바타유는 사디즘을 성 병리학적으로가 아니라 오히려 실존 심리학적으로 파악하는데, 이때는 다른 것의 과격한 부정인 동시에 사회 원칙과 현실 원칙의 부정으로 나타난다. 고문과 파괴, 죽음이 승리하는 세계가 존속할 수 없다는 것은 명백하다. 그러나 사디스트는 세계의 존속에 대해 개의치 않는다. 정반대로 그는 세계를 지양하려 하며, 매우 특정한 의미에서 '지옥'인 이웃 사람을 부정하는 가운데 자기 자신의 전체적인 주권을 현실화하려 한다. 이웃 사람은 육체화되고, 이 육체화 속에서 이미 죽음의 가장자리로 내몰린다. 그 경우에 그 사람은 결국 죽음의 경계를 넘어 무를 향해 나아가게 된다. 그것과 더불어 가해자이자 살인자는 고문을 받는 사람과는 달리 그 속에서 자신을 완전히 상실하지 않은 채 자신의 파괴적인 육체성을 실현한다. 그는 적절한 때에 고문을 행할 수 있다. 다른 사람의 고통의 외침과 단말마는 그의 손에 달려 있고, 그는 육체와 정신, 삶과 죽음의 주인이다. 그 같은 방식으로 고문은 사회계 Sozialwelt를 전체적으로 뒤엎는다. 이웃에게 생명을 보장할 때만 우리는 그 사회 속에서 살수 있고, 우리 자아의 확산 욕구를 억제하고, 이웃의 고통을 완화할 수 있다. 그러나 고문의 세계는 오로지 다른 사람을 자신 앞에서 절단시킴으로써만 존속한다. 도구를 든 손은 약한 압력만으로도 어쩌면 칸트와 헤겔, 그리고 모든 다른 교향곡과 의지와 표상으로서의 세계를 간직하고 있을 사람의 머리를 날카로운 비명을 질러대는 도살장의 돼지로 만들어 버리기에 충분하다. 고통을 가하는 자 스스로는 이웃의 육체 속으로 스스로를 확대시키고, 그의 정신이었던 것을 소멸시키며, 담배를 물거나 혹은 아침 식사를 위해 식탁에 앉거나 욕구가 생기면 의지와 표상으로서의 세계로 돌아온다.

브렌동크에서 나의 고문관들은 고문 행위로 피로해지면 담배를 피우면서 머릿속에 쇼펜하우어가 들어 있는 사람을 더 이상 작살내지 않고 내버려 두었다. 그러나 그들이 내게 행한 악이란 결코 평범하지 않았다. 악이 평범하기를 진정으로 원했다면 그들은 멍청한 고문관들이다. 그러나 그 사람들은 그보다 훨씬 더한 것인데, 나는 오히려 그들의 진지하고도 긴장된 성적 사디즘적 욕망으로 부은 얼굴이 아니라 살인적인 자기실현에 집중한 얼굴 속에서 그것을 보았다. 그들은 온 영혼을 다해 자기 일에 몰두했으며, 그것은 정신과 육체에 관한 권력이자 지배, 저해되지 않은 과도한 자기확대라 부를 수 있다. 나는 그들이 내게 가진 고문할 권리에 일종의 경외심 같은 것을 표하게 되는 순간이 있었다는 사실을 잊지 않는다. 한 사람을 육체와 우글거리는 죽음의 먹이로 만들 수 있는 사람은 신이거나 적어도 반신半神이지 않은가?

그러나 이 사람들은 고문을 위해 정신을 집중시킨 나머지 자신의 직업을 잊지는 않았다. 그들은 경찰 포리이며, 그것은 전문 직업이자 숙련된 직무였다. 그래서 그들은 내게 항상 똑같은 질문을 끊임없이 되풀이했다. 공범자들은? 주소는? 회합 장소는? 고백하건대, 우리 조직이 정보 자백에 관해서는 아주 탁월하게 조직되어 있었다는 사실이 내게는 행운이었다. 브렌동크 사람들이 나에게서 들으려 했던 것을 나 스스로도 몰랐던 것이다. 내가 가명 대신 진짜 이름을 불었다면 어쩌면 불행한 일이 일어났을 수도 있었을 것이고, 그러면 나는 아마 실제로 그럴지도 모를 나약한 사람이 되었을 것이며, 잠정적으로는 이미 그랬지만 배신자가 되었을지도 모른다. 그러나 그 점에서 내가 비슷한 상황에 처한 사람들에게 가끔 일어나기도 하고, 책에서 읽기도 했던 것처럼 영웅적인 침묵으로 대처했던 것은 전혀 아니다. (부수적인 말이지만 스스로 그곳에 있어 보지 않은 사람들의 기록에는 항상 그렇게 묘사된다) 나는 말을 했다. 거꾸로 매달린 자루 같은 내가 어떻게 그런 생각을 떠올렸는지는 지금도 알 수 없지만, 터무니없는 반국가 범죄들을 꾸며내어 자백했다. 나의 두개골을 향해 잘 조준된 한 발이 그 같은 부담스러운 고백 후에 이 비참함을 끝낼 수도 있고, 나를 재빨리 죽음으로, 최소한 의식 없는 상태로 몰고 갈 수 있다는 한 가지 희망이 내 속에 있었다. 결국 나는 정말로 의식을 잃었고, 그로써 일단 일은 끝났는데, 형리들이 완전히 고꾸라져 버린 사람을 다시 깨우는 것을 포기했기 때문이었다. 아니면 내가 그들에게 풀어놓았던 터무니없는 말들이 그들의 멍청한 뇌를 사로잡았기 때문인지도 모른다.

그것은 일단 지나갔다. 그러나 그것은 여전히 지나가지 않았다. 나는 22년이 지난 후에도 탈구된 팔로 묶인 채 거꾸로 매달려 헐떡거리면서 나 자신을 비난한다. 거기에는 '억압Verdrän-gen'이란 존재하지 않는다. 화상의 자국을 제거할 수 있는가? 성형외과 의사에게 흉터를 제거하게 할 수는 있을 것이다. 그러나 그 자리에 이식된 피부는 그 사람에게 편안함을 주는 피부는 아니다.

우리는 저항의 가능성이나 한계에 대한 질문을 떨쳐낼 수 없듯이 고문을 떨쳐내지 못한다. 나는 많은 동료들과 그것에 대해 대화를 나누었고, 여러 가지 체험을 되새겨 보려고 노력했다. 용감한 사람은 저항하는가? 그것에 대해 공산주의로 전향한 한 젊은 벨기에 귀족주의자의 예를 들 수 있는데, 그는 영웅과도 같은 사람이었고, 그것도 스페인 시민전쟁 때 공화주의자들의 편에서 싸웠던 사람이었다. 그러나 사람들이 브렌동크에서 그에게 고문을 하자, 천박한 범죄자들의 은어로 말하면 그는 '불었고', 대단히 많은 것을 알고 있었기 때문에 전체 조직망을 적에게 내주었다. 그 용감한 사람은 이제 훨씬 더 준비된 자세를 보였다. 그는 게슈타포 대원들을 데리고 동료의 집 안으로 들어갔고, 완전히 열성으로 고무된 채 그들을 설득했다. 그러나 모든 것, 모든 것을 고백해야만 구제될 수 있고, 고문을 피하기 위해서는 모든 대가를 치러야 한다고 했다. 나는 불가리아 출신의 다른 직업 혁명가도 알았는데, 사람들이 그에게 한 고문을 내가 받은 것과 비교하면 나의 고문은 단지 조금 격한 스포츠에 불과한 정도였다. 그는 침묵했고, 단순히 그리고 끝까지 침묵했다. 여기서 파리의 팡테옹에 안장된 잊을 수 없는 장 물랭[12]에 대해서도 기억해야 한다. 체포될 당시 그는 프랑스 레지스탕스 운동을 위한 민족회의 Nationales Rat의 초대 의장이었다. 그는 죽음의 경계를 넘어

---

12 Jean Moulin(1899~1943). 제2차 세계대전 당시 프랑스 레지스탕스 운동의 지도자.

서까지 고문을 당했지만, 단 한 사람의 이름도 발설하지 않았다.

어디에 힘이 있고, 어디에 약함이 있는가? 나는 그것을 알지 못한다. **사람들**도 그것을 알지 못한다. 그 누구도 이른바 '도덕적'인 것과 마찬가지로 따옴표를 붙여야 할 신체적 고통에 대한 '신체적' 저항력 사이에 분명한 경계를 지을 수는 없다. 고통을 감당하는 모든 문제를 순전히 생리학적 사실로만 축소하는 전문가들은 적지 않다. 여기서 외과학 교수이자 콜레주 드 프랑스의 회원인 르네 르리슈[13]의 다음과 같은 말을 인용해 보자.

"우리는 고통이란 현상 앞에서 똑같지 않다."라고 그 교수는 말한다. "어떤 사람은 다른 사람이 아직 아무것도 느끼지 못할 때 이미 고통을 받는다. 그것은 우리의 교감신경의 개인적인 특성이나 부갑상선 호르몬과 부신피질의 반응 물질과 관련이 있다. 우리는 고통의 생리학적 관찰에서 개성이란 개념을 배제할 수 없다. 순전히 생리학적 관점에서 보면 역사는 오늘날의 인간이 선조들보다 고통에 예민하다는 것을 입증해 준다. 나는 여기서 그 어떤 가설적인 도덕적 저항력에 대해서 말하는 것이 아니라 생리학 영역에 국한하고자 한다. 통증 완화물질이나 마취는 도덕적 요소보다는 우리의 민감성을 키우는 데 기여했다. 고통에 대한 여러 민족의 반응 또한 전혀 같지 않다. 두 차례의 전쟁은 독일인과 프랑스인, 영국인의 신체적인 감수성이 얼마나 차

---

13 René Leriche(1879~1955). 프랑스의 저명한 외과의사.

이가 나는지를 확인할 수 있는 계기를 마련해 주었다. 그 점에서 한편으로는 유럽인들, 다른 한편으로는 아시아인들과 아프리카인들 사이에 큰 차이가 있다. 후자는 신체적 고통을 전자보다 비교할 수 없을 만큼 잘 견딘다……."

외과 전문가의 판단은 그렇다. 그것은 여러 민족 집단에 속하는 개인이 신체적인 고통과 결핍을 견디는 것을 목격했던 비전문가의 단순한 경험과 거의 다르지 않다. 내가 집단 수용소에서 관찰한 바에 따르면 슬라브인들 중에서도 러시아인들은 이탈리아인, 프랑스인, 네덜란드인, 스칸디나비아인들보다 신체적 부당함을 더 쉽고 침착하게 잘 견뎌냈다. 육체로서의 인간은 정말이지 고통과 고문 앞에서 똑같지 않다. 그러나 그것은 저항력이란 문제를 풀어주지 않고, 그것에 작용하는 도덕적이고 심리적인 요소의 비율에 대해서도 결정적인 답은 존재하지 않는다. 그러나 모든 것을 순전히 생리적인 요소로 국한시킨다면, 우리는 결국 모든 종류의 엄살과 신체적 비겁함을 용서하게 될 위험에 빠진다. 대신 이른바 도덕적인 저항을 강조하면, 고문 앞에서 좌절한 열일곱 살의 나약한 고등학생과 육체노동에 단련된 강인한 서른 살의 근육질 노동자를 동일한 척도로 재는 것이 된다. 그래서 내가 여전히 두 손이 묶인 채 완전히 기진맥진해서 감방에 누워 나의 저항력을 더 이상 분석하지 않았던 것처럼, 우리는 여기서도 그 질문을 그냥 내버려 두어야 할 것이다.

고문을 이겨내고 그 고통이 조금 완화되는 (그것이 나중에 다시 극심해지기 전에) 시간에는, 말하자면 일시적인 평화가 깃드는데, 그것은 사고를 가능하게 해준다. 고문당한 사람은 한편으로는 자기가 오로지 육신이란 것, 그것으로 자기가 모든 정치적 관심사에서 자유롭다는 것에 만족한다. '너희들은 바깥에 있고 나는 여기 감방에 있다. 이것은 너희들보다 내가 우위에 있다는 말이지.' 그는 이와 비슷하게 자신에게 말한다. '말할 수 없는 것을 경험함으로써 나는 완전히 이루어냈어. 너희는 너희 자신과 세상과 나의 사라짐을 어떻게 대할지 스스로 보고 있겠지.' 다른 한편으로는 고통과 고문에서 드러났던 육체성의 허망함, 몸에서 일어났던 엄청난 혼란의 종식과 함께 공허한 안정성을 되찾은 것이 만족과 위로를 주기도 한다. 심지어는 미약한 사고력이 각별한 행복처럼 느껴지면서 인간 비슷한 것으로 깨어난 사지의 다발 속으로 곧바로, 그 자리에서 조금도 지체하지 않고 이 체험을 정신적으로 표현하고 싶은 낙관적인 순간이 찾아오는데, 그것은 몇 시간 후면 이미 늦을 수도 있기 때문이다.

그 생각이란 엄청난 놀라움 이상의 것이다. 이겨냈다는, 그 엄청난 소동이 곧바로 신체의 폭발로 이어지지 않았다는, 묶인 손으로 쓰다듬을 수 있는 이마가 여전히 있다는, 떴다 감았다 하는 눈과 지금 거울을 들여다보면 낯익은 선을 보여줄 입이 있다는 것에 대한 놀라움이다. 어떻게? 스스로에게 묻는다. 단순한 치통 때문에 가족에게 화를 냈던 사람이 탈구된 팔로 매달릴 수 있고 그러고도 계속해서 살 수 있을까? 담뱃불에 손가락을 살짝만 데어도 기분이 나빠졌던 사람이 여기서는 황소 채찍으로 피부가 터지는 상처를 입고도 고문이 지나가자 거의 느낄 수 없다니? 홍보 책자에 고문을 고발하는 글을 쓰는 사람에게나 해당할 것이 스스로에게 일어난 것에 대한 놀라움이기도 하다. 살인이 행해지지만 그것은 보도하는 신문에나 해당되는 것이었다. 비행기 사고가 일어났지만 그것은 거기서 친지를 잃은 사람에게나 해당되었다. 게슈타포는 고문을 한다. 그러나 그것은 지금까지는 여전히 고통을 가했던 사람들의 일이었고, 반파시즘 회의에서 자신의 상흔을 증거로 드러내 보여주었던 그 누군가의 일이었다. 갑자기 자신이 그 누군가가 된다는 것은 이해하기 힘들다. 그것은 일종의 소외이기도 하다.

고문의 경험에서 단순한 악몽을 넘어서는 인식이 남아 있는 한, 그것은 엄청나게 놀라운 인식이고, 이후의 그 어떤 인간적인 의사소통에 의해서도 상쇄될 수 없는 세계에서의 낯설음에 대한 경험이다. 고문당한 사람은 이 세계에 절대적인 지배자로서의 타자가 있을 수 있다는 것을, 거기서 지배란 고통을 가하고 파멸시키는 권리로 드러난다는 것을 경악과 함께 경험한다. 희생자에 대한 고문 담당관의 지배권은 사회적 계약의 바탕 위에서 행해지는 우리가 알고 있는 지배력과는 아무런 관련성이 없다. 그것은 보행자에 대한 교통경찰관의 지배력, 납세자에 대한 세관원의 지배력, 소위에 대한 대위의 지배력이 아니다. 그것은 절대적으로 명령하는 과거의 수장이나 왕의 세속적인 권력도 아니다. 두려움을 일으킬 때 그것은 동시에 신뢰의 대상이기도 하기 때문이다. 왕은 화가 나면 포악해질 수 있지만, 온화할 때는 선량할 수도 있다. 그의 권력은 통치의 일종이다. 그 밑에서 고문당하는 사람이 신음해야 하는 가학자의 권력은 세상에서 고통과 죽음으로 내쫓긴 사람에 대한 살아남은 자의 무제한적인 승리와 다르지 않다.

고문 속에서 스스로를 주장하는 다른 사람의 실존에 대한 놀라움, 인간이 스스로 될 수 있는 것에 대한 놀라움, 곧 육신과 죽음에 대한 놀라움. 고문당한 사람은 취향에 따라 영혼 혹은 정신이라 부르든, 아니면 의식, 혹은 자아 정체성이라 부르든 간에 어깨관절이 일그러지고 부수어지면 모든 것이 파괴된다는 것에 대한 놀라움을 다시는 잊지 않는다. 생명은 부수어지기 쉽다는 것, 이 자명한 진리를 그는 여전히 알고 있고, 셰익스피어가 "단지 바늘 하나로"라고 말한 것처럼 끝낼 수 있다는 것을 알고 있다. 그러나 살아 있는 사람을 그렇게 육체화하고 그렇게 해서 삶에서 반쯤 죽음의 약탈물이 될 수 있다는 것, 그는 고문을 통해 그런 사실을 처음으로 경험하는 것이다.

고문에 시달렸던 사람은 이 세상을 더 이상 고향처럼 느낄 수 없다. 절멸의 수치심은 사라지지 않는다. 부분적으로는 첫 번째 구타에서, 그러나 전체 범위에서는 결국 고문 속에서 무너진 세계에 관한 신뢰는 다시 얻어지지 않는다. 이웃을 적대자로 경험했다는 것은 고문당한 사람 속에 경악으로 굳어진 채 남아 있다. 그 누구도 그것을 넘어 희망의 원칙이 지배하는 세계를 바라볼 수 없다. 고문당한 사람은 속수무책으로 공포에 내맡겨진다. 그 공포는 계속해서 그 사람 위에서 왕홀王笏처럼 흔들린다. 그런 다음에는 사람들이 원한이라고 부르는 것이 되기도 한다. 그것은 끝끝내 남아 있고, 거품을 내면서 스스로를 정화하는 복수욕으로 굳어질 기회를 갖지는 못한다.

Wieviel Heimat braucht
der Mensch?

사람은 얼마나 많은 고향을 필요로 하는가

겨울밤 아이펠 지역을 가로질러 밀수꾼들의 길을 통해 도주자 신분으로 벨기에로 들어갔다. 그 나라의 세관원이나 헌병들은 우리가 정당하게 국경을 넘은 것을 저지했을 터인데, 우리는 여권이나 비자, 모든 합법적인 시민이 갖추어야 할 신분증을 갖고 있지 않았기 때문이다. 그것은 밤새도록 긴 여정이었다. 눈이 무릎까지 올라왔다. 검은 전나무들은 고향에 있는 전나무와 달라 보이지 않았다. 그러나 그것은 이미 벨기에 전나무이고, 우리는 그들이 우리를 받아들이기를 원치 않는다는 것을 알고 있었다. 고무신을 신은 나이 든 유대인은 매 순간 신발을 잃어버렸는데, 내 외투의 허리띠에 자신을 묶고 헐떡거리면서 내게 세상의 모든 부를 약속했다. 안트베르펜에 있는 그의 형제가 대단한 권력가라는 것이다. 어디선가, 아마도 오이펜 시 근처였을 텐데, 한 트럭이 우리를 그 나라 깊숙이까지 태워주었다. 다음 날 아침, 젊은 아내와 나는 안트베르펜 정거장에 있는 우체국에서 학교에서 배운 형편없는 프랑스어로 무사히 도착했다고 전보를 쳤다. 무사히 도착했다Heureusement arrivé. 때는 1939년 1월 초였다. 그때부터 나는 너무나 많은 녹색 경계grune Grenzen[1]를 넘어서, 여행에 필요한 모든 서류를 갖춘 채 차를 타고 세관을 지날 때면 지금도 낯설고 경이롭게 느껴진다. 그러면 내 심장은 파블로프 반사에 굴복하듯 여전히 심하게 두근거린다.

우리가 매우 운 좋게 안트베르펜에 도착했을 때, 그 사실을 하나의 케이블 선을 통해 집에 남아 있는 가족들에게 전해 주었다. 그리고 내 기억이 맞다면 우리에게 남아 있는 돈 15마르크 50페니히를 바꾸었다. 그 돈은 사람들이 흔히 말하듯이 새로운 삶을 시작하는 우리의 전 재산이었다. 이전의 삶은 우리에게서 떨어져 나갔다. 영원히? 영원히. 그러나 나는 그것을 거의 27년이 지난 지금에야 처음으로 깨닫는다. 얼마간의 낯선 지폐와 동전과 함께 우리는 망명 생활을 시작했는데, 그 생활이란 비참하기 이를 데 없었다. 망명 생활의 일상은 비참함을 알지 못하는 사람에게 그것이 무엇인지를 가르쳐 주었다. 말하자면 어원 그대로의 비참함, 그 단어의 원래 의미에 추방이란 개념이 들어 있다는 것이 이 단어에 대한 가장 충실한 정의에 속한다는 것을 말이다.

망명을 아는 사람은 인생의 많은 대답을 얻었고, 더 많은 의

---

1 '녹색 경계'는 제2차 세계대전 직후의 독일 내 소련 점령 지대와 미국, 영국, 프랑스 3국 점령 지대 사이에 있던 정치적 구획선을 말한다.

문을 배웠다. 우선 귀환은 없다는 평범한 인식이 그 대답에 속한다. 이전의 공간으로 다시 들어가는 것이 잃어버린 시간을 되찾는 것은 결코 아니기 때문이다. 첫날부터 벌써 망명자들의 목덜미를 잡는 질문 중의 하나는 (글을 제대로 시작하기도 전에 그것이 헛되다는 것을 알면서도 이 글에서 밝히려고 하는 것으로) '사람은 얼마나 많은 고향을 필요로 하는가'라는 것이다. 내가 여기서 밝히는 것이 일반적으로 타당한 것이 아닌 까닭은, 제3제국의 다른 망명자들은 주어진 상황에서 어떻게든 떠나기를 원했기 때문에 자기 나라를 떠났지만, 나의 경우는 그 사실을 넘어 떠나지 **않으면 안 되었기** 때문에 낯선 곳으로 갈 수밖에 없던 특수한 상황에서 나온 것이기 때문이다. 여러 가지 이유에서 내 생각은 동유럽의 국가에서 추방당했던 다른 독일인들의 생각과는 매우 다를 것이다. 그들은 자신의 소유물, 집과 농장, 사업, 재산이나 보잘것없는 일자리를 잃었고, 토지와 초원, 언덕, 숲, 도시의 윤곽, 견진성사를 받았던 교회를 잃었다. 우리도 그 모든 것을 잃었지만, 거기에 덧붙여 사람마저 잃었다. 초등학교의 친구들, 이웃, 선생님. 그들은 밀고자 혹은 구타자가 되었고, 기껏해야 황망히 기다리는 사람이 되었다. 그리고 우리는 언어를 상실했다. 그것에 대해서는 나중에 말하겠다.

우리의 망명은 오로지 사상 때문에 제3제국을 떠났던 저 망명자들의 자기추방과도 비교할 수 없었다. 그들에게는 제국과의 관계를 정립하는 것, 곧 되돌아오는 것이 가능했다. 그것이 후회스럽든 아니면 침묵하면서 충성하는 말이다. 그들 가운데 많은 사람들, 예를 들면 독일 소설가 에른스트 글레저[2]가 했던 것처럼 돌아가서는 안 되었고, 그래서 오늘까지도 돌아갈 수 없는 우리에게는 더 다급하고 숨 가쁜 문제가 제기된다. 이것에 대한 일화 하나가 있다. 그 일화가 유머러스해서가 아니라 아주 유용하기 때문에 소개하고자 한다. 1933년 이후 요제프 괴벨스Joseph Goebbels 내각은 테신에 머물던 소설가 에리히 레마르크Erich Remarque 의 집으로 여러 차례 밀사를 보내어, '아리아적인' 이 작가, 그래서 한 번도 온전히 악한 것에 사로잡히지 않은 이 이민 작가에게 귀환을 종용했다고 한다. 레마르크가 도무지 말을 듣지 않자 이 제국의 밀사는 마침내 그에게 물어보았다. "도대체 선생님은 향수병도 없나요?" "향수병이라고? 도대체 왜요? 내가 유대인이라도 된단 말이오?"라고 레마르크는 대답했다고 전해진다.

나로 말하자면, 1935년 뉘른베르크 법이 공포되면서 알게 된 바에 따르면 틀림없는 유대인이었고, 그래서 향수병을 앓았으며, 지금도 심각히 소모적인 향수병을 앓고 있다. 그 향수는 민요에나 나오는 친숙한 것이 아니며, 그 어떤 습관적인 감정에 의해서도 성스러운 특징을 가질 수 없고, 결코 요제프 폰 아이

---

2 Ernst Glaeser(1902~1963). 안톤 디츌러Anton Ditschler라는 필명을 사용 하기도 한 독일 작가. 1933년 히틀러가 권력을 잡자 체코슬로바키아로 넘 어갔다가, 1934년 스위스로 망명했지만, 점점 보수적인 성향으로 돌아섰고 1939년 다시 독일로 돌아왔다.

헨도르프[3]의 음조로 말할 수도 없다. 내가 15마르크 50페니히를 가지고 안트베르펜의 환전 창구 앞에 섰을 때, 나는 처음으로 그 같은 사실을 철저히 느꼈고, 그 느낌은 아우슈비츠에 대한 기억이나 고문에 대한 기억처럼, 그의 노움으로 내가 2년 동안 목숨을 부지할 수 있었던 유일한 사람이 세상을 떠나고 나서 체중이 완전히 빠져 45킬로그램의 몸무게로 줄무늬 윗도리를 입고 다시 세상에 나섰을 때, 강제수용소에서로부터 귀환하는 것에 대한 기억처럼 좀처럼 나를 떠나지 않았다.

제3제국에서 사상과 족보 때문에 추방당한 사람들의 이 향수병은 무엇이었고, 또 무엇인가? 이 같은 맥락에서 과거에 유행했던 개념을 사용하는 것을 좋아하지는 않지만, 아마도 그보다 더 적합한 것도 없을 것이다. 그것은 나의, 우리의 향수병은 자기소외라는 것이다. 과거는 갑자기 뒤흔들렸고, 우리는 자신이 누구인지 더 이상 알지 못했다. 그 당시에 나는 오늘날 내 작품에 쓰는 프랑스식 발음의 예명을 쓰지 않았다. 나의 정체성은 조야한 아주 독일적인 이름과 내가 자란 좁은 지역의 사투리와 연결되어 있었다. 그러나 관청의 규정이 어린 시절부터 익숙해져 있는 전통적인 옷차림을 내게 금지한 날부터, 나는 이 사투리

---

3 Joseph von Eichendorff(1788~1857). 여러 작곡가에 의해 곡조가 붙여진 수많은 서정시를 쓴 독일 낭만주의 시인. 자연과 고향, 향수 등을 주제로 한 시가 많다.

를 더 이상 허용하지 않았다. 그때는 친구들이 항상 구어적인 톤으로 불렀던 내 이름도 더 이상 같은 의미를 주지 않았다. 그것은 안트베르펜 시청에서 원치 않는 외국인 명부에 기재할 때에나 필요한 것이었다. 그곳 플랑드르 지방 공무원들은 그 이름을 너무나 자기식으로 발음해서 나는 잘 알아듣지도 못했다. 그리고 내가 그들과 함께 고향 사투리로 대화했던 친구들도 지워져 버렸다. 단지 그들만 지워졌을까? 결코 그렇지 않다. 내 의식을 이루고 있던 모든 것, 더 이상 내 것이 아닌 내 나라의 역사에서부터 기억 속에서 나를 감쌌던 풍경의 이미지 모두, 그것은 1938년 3월 12일 아침부터 내게는 견딜 수 없는 것이 되었다. 그날은 동떨어진 농가의 창가에서 흰 바탕에 검은 거미 모양을 새긴 선홍색 천이 날리고 있었다.[4] 나는 더 이상 '우리'라고 말할 수 없는, 전적으로 나의 소유라는 뜻에서가 아니라 단지 습관적으로 '나'라고 말했다. 나는 외국인을 환대하는 다소 호의적인 안트베르펜의 주인들과 대화할 때만 우리나라에서는 '달라요'라는 말을 끼워 넣었다. "우리나라에서는 Bij ons", 그것은 나와 대화하는 상대방에게는 세상에서 가장 자연스러운 것처럼 들렸다. 그러나 이 말을 할 때 내 얼굴이 붉어졌는데, 그것이 주제넘은 말임을 알았기 때문이다. 나는 더 이상 내가 아니었고, 우리 속에 살지 않았다. 나는 여권도, 과거도, 돈도, 그 어떤 역사도 갖지 않았

---

4 철십자 모양이 새겨진 나치당의 기旗를 말한다.

다. 오로지 족보만 있었지만, 그것은 교회에서 추방당한 슬픈 기사 오네란트Ohneland[5]로 이루어졌다. 사람들은 그들에게 추가적으로 고향의 권리를 박탈했고, 나는 그 그림자를 망명에까지 끌고 와야 했다.

"당신은 어디 출신인가요V'n wie kimmt Ihr?" 무의미해진 정착 생활이 나의 가족사였듯, 유랑과 추방의 가족사를 가진 한 폴란드 유대인이 이따금 이디시어로 내게 물었다. 내가 호헤넴스 출신이라고 대답하면 그는 당연히 그곳이 어디인지 알지 못했다. 나의 출신지가 무슨 상관이 있었을까? 그의 조상들은 행상을 하며 르보프Lwów 주변 마을을 옮겨 다녔고, 나의 조상들은 펠트키르흐와 브레겐츠 사이에 있는 카프탄에 거주했다. 그것은 더는 차이가 아니었다. 돌격대원이나 친위대원들은 카자흐 사람처럼 선량하진 않았다. 그들이 총통Führer이라고 불렀던 사람은 차르Zar보다 더 포악했다. 그 방랑 유대인은 나보다 더 많은 고향을 가졌다.

사람은 얼마나 많은 고향을 필요로 하는가? 라는 질문에 대해 이 자리에서 첫 번째 임시적인 대답을 해도 된다면 나는 이렇게 말하고 싶다. 가진 것이 적을수록 더 많은 고향이 필요하다고. 왜냐하면 움직이는 고향이나 적어도 대체 고향과 같은 것이 있기 때문이다. 유대인에게는 그것이 종교일 수 있다. 유대인

---

5 '땅을 갖지 못하다'라는 뜻이다.

들은 옛날부터 부활절 예식 때면 "내년에 예루살렘에서"라고 약속을 했지만, 그것은 실제로 그 성스러운 땅에 가는 것이 중요한 것이 아니라 오히려 이 말을 함께 사용함으로써 민족의 신 야훼, 영적인 고향과 연결되는 것이 중요하다.

돈이 대체 고향이 될 수도 있다. 1940년 독일 정복자들을 피해 도주하는 길에 플랑드르의 풀밭에 앉아 신발에서 달러 지폐를 꺼내 심각한 표정으로 그 돈을 세던 안트베르펜의 유대인이 아직도 눈앞에 어른거린다. "그렇게 많은 현금을 지니고 다니니 당신은 얼마나 행복하십니까?" 하고 다른 사람이 부러운 듯이 그에게 물었다. 그러자 지폐를 세는 사람은 이디시어가 섞인 플랑드르어로 고상하게 말했다. "In dezen tijd behoord de mens bij zijn geld." 오늘날 사람은 자기가 가진 돈에 속한다. 그는 멋진 미국 화폐 속에 고향을 가지고 다녔다. 달러가 있는 곳이 고향이다ubi Dollar ibi patria.

명성과 존경도 때로는 고향을 대신할 수 있다. 하인리히 만Heinrich Mann의 인생 회고록《한 시대를 구경하다Ein Zeitalter wird besichtigt》(1946)에는 다음과 같은 구절이 있다. "파리 시장이 내 이름을 불렀다. 그는 두 팔을 벌리고 나를 향해 다가왔다. 'C'est vous, J'auteur de l'Ange Bleu! (당신이《푸른 천사》의 작가이군요.)' 그것은 내가 아는 명예의 절정이었다." 이 위대한 작가는 반어적인 의미로 이 말을 썼는데, 그 프랑스 명사가 자기에 대해 아는 것이라곤 영화 〈푸른 천사〉의 바탕이 된 소설을 썼다는 사실뿐이라는 것에 기분이 상했기 때문이었다. 위대한 작가들이란 얼마나 배은망덕한지! 하인리히 만은 명예의 고향에서 보호를 받았고, 이것은 우스꽝스럽게도 디트리히⁶의 다리 사이에서나 겨우 인식될 수 있었다.

나에 대해 말하면, 일주일 치 배급을 타기 위해 안트베르펜의 유대인 구조 단체 앞에 늘어선 난민 대열에 황망히 끼어 있었다. 오늘날 베그너 출판사에서 출판한 《추방Verbannung》에 그들의 망명 기록이 수록되어 있는, 당시에 유명했던 혹은 어느 정도 유명했던 독일어권 이민 작가들은 파리, 암스테르담, 취리히, 사나리 쉬르 메르, 뉴욕에서 서로 만났다. 그들도 비자와 체류 허가에 대해 걱정을 했고, 호텔 계산서에 대해 이야기를 나누었다. 그러나 그들의 대화 중에는 최근 출판된 책에 대한 비평이나 작가보호협회 회의, 국제 반파시즘 회의 등도 거론되었다. 그들은 자신들이야말로 민족사회주의의 속박 속에서 고통받는 조국을 위해 외부에서 외칠 수 있는 '진정한 독일'의 목소리라는 환상 속에 살았다. 하지만 우리 같은 무명인들에게는 그런 것이 아무것도 없었다. 자신이 간직하고 있는 가상적인 '진정한' 독일과의 그 어떤 유대도, 망명 중에도 보다 나은 날을 위해 간직한 독일 문화에 대한 형식적인 예식도 없었다. 이름 없는 피난민들은

---

6 영화 〈푸른 천사〉의 여주인공을 맡은 배우 마를레네 디트리히Marlene Dietrich를 말한다.

독일의 현실과 국제 현실에 맞춰진 사회적 틀 속에서 살았다. 그 속에서 규정된 의식이 보다 근본적인 현실 인식을 허용하고, 필요로 하고, 강요했다. 그들은 자기들이 쫓겨난 사람이라는 것과 독일 정신사의 보이지 않는 박물관의 보존자가 아니라는 것을 알았다. 그들은 사람들이 자신들의 고향을 부재하게 만들었다는 것을 잘 이해했고, 가지고 다닐 수 있는 고향의 대체물도 구할 수 없기 때문에 더 다급하게 고향을 필요로 한다는 것을 더 정확히 인식했다.

물론 나는 나 자신을 '피와 토지Blut und Boden '7 군대의 뒤늦은 지각생으로 간주하는 것을 즐겨하지는 않고, 그래서 실향이 우리에게 주는 부유함과 기호에 대해서도 알고 있었다는 것을 분명히 해야 한다. 망명이 우리에게 주었던 세계를 향한 열림, 나는 그것을 귀하게 여길 줄 안다. 나는 외국으로 갔고 폴 엘뤼아르Paul Éluard에 대해서는 이름밖에 알지 못했지만, 카를 하인리히 바게를 8이란 작가를 문학적으로 중요한 인물로 간주했다. 나는 27년간 망명 생활을 했고, 나의 정신적인 동향인은 프루스트, 사르트르, 사뮈엘 베케트Samuel Beckett이다. 그러나 누군가가 정신적으로 완전히 유쾌해지려면 마을이나 도시의 길에서 동향인을 만날 수 있

---

7 나치 독일의 인종주의 이데올로기를 함축하는 말이다.
8 Karl Heinrich Waggerl(1897~1973). 여러 나라 언어로 번역된, 가장 많이 읽히는 오스트리아 작가 중의 한 명이다.

어야 한다고, 그리고 문화적 국제주의는 민족적인 안정성 위에서만 진정으로 성숙할 수 있다고 여전히 믿고 있다. 토마스 만은 캘리포니아의 앵글로색슨 국제주의 분위기 속에 살면서 토론했고, 민족에 대한 자기확신으로 표본적인 독일의 《파우스투스Faustus》를 썼다. 나는 사르트르의 《말》을 읽고, 그것을 그의 제자이자 이민자인 앙드레 고르⁹의 자서전 《배신Le Traitre》과 비교해 보았다. 온전한 프랑스인인 사르트르에게 사르트르가家와 슈바이처가家의 유산을 극복하고 변증법으로 동화하는 것이 그의 국제주의에 가치와 비중을 부여해 준다면, 절반은 유대인인 오스트리아 이민자 고르는 다급하게 정체성을 찾고 있다. 그 뒤에는 사르트르가 당당하고 남자답게 스스로 분리시킨 저 고향에 뿌리내리고 싶어 하는 동경이 숨겨져 있다. 사람은 고향을 가져야 하는데, 정신의 보다 심오한 영역으로 넘어가기 위해서는 사고 과정에 형식 논리의 영역을 가져야 하는 것처럼, 사람들은 더 이상 고향을 필요로 하지 않기 위해 고향을 필요로 한다.

이 같은 의미에서 내게는 매우 불가결하게 보이는 고향이 대체 무엇을 의미하는지 밝힐 시간이 되었다. 그것에 대해 곰곰이 생각해 보면, 우리는 사고의 나선형에서 보다 높은 지점에서 변화된 채 다시 만나게 되는, 전통적이고 낭만적으로 치장된 고

---

9 André Gorz(1923~2007). 유대인 출신의 프랑스 사회학자, 사르트르의 추종자.

향의 표상에서 벗어나야 한다. 긍정적 심리학의 기본 내용으로 축약한다면, 고향은 **안전함**이다. 안트베르펜 망명 중의 처음 며칠을 돌이켜보면, 흔들리는 바닥 위에서 비틀거리던 기억이 여전히 남아 있다. 그것은 자체만으로도 이미 공포여서, 사람들의 얼굴을 알아볼 수 없었다. 나는 사각형의 두상을 가진 키가 크고 뼈대가 굵은 남자와 함께 맥주잔을 놓고 앉아 있었는데, 그 사람은 건실한 플랑드르 주민 같았고, 세습 귀족일 수도, 아니면 내 얼굴에 주먹을 갈기고 나의 아내를 빼앗을지도 모를, 항구를 떠도는 미심쩍은 건달일 수도 있었다. 얼굴, 몸짓, 옷, 집과 단어들은 (비록 그 단어들을 반쯤밖에 이해하지 못하더라도) 의미의 실제였지만 해독할 수 있는 기호는 아니었다. 나에 관한 한, 그 세계에는 질서가 없었다. 우리의 서류를 검토했던 경찰관의 미소는 무관심이었을까 조롱이었을까? 그의 낮은 목소리는 화난 것일까 아니면 호의적이었을까? 나는 그것을 알지 못했다. 목에서 나는 그르렁거리는 소리가 내게는 문장처럼 느껴졌던 그 나이 들고 수염 난 유대인은 우리에게 호의적이었을까 아니면 우리는 그의 미움을 받고 있었을까? 도시의 모습 속에 끼여 낯설고 피곤하고, 경제적 궁핍에 시달리는 우리의 존재는 반유대주의 성향을 가진 주민들에게 유대인에 반대하도록 부추겼으니 말이다. 나는 에트루리아 문자와 같이 그 기호를 전혀 이해할 수 없는 세계에서 비틀거렸다. 그 같은 것이 매력적인 소외감일 수도 있는 여행객과는 달리 나는 수수께끼로 가득 찬 그 세계에 의존해야 했다. 사각형의 두상을 가진 남자, 화난 목소리의 경찰관, 그르렁거리는 유대인이 나의 주인이고 나의 스승이었다. 당시의 나는 고국의 친위대원들 앞에서보다 그들 앞에서 더 무력하게 느꼈다. 왜냐하면 적어도 친위대원에게서는 그가 어리석고 야비하며, 내 목숨을 노린다는 것을 분명하게 알고 있었기 때문이었다.

고향은 안전함이라고 나는 말한다. 고향에서 우리는 아는 것과 인식하는 것 Kennen-Erkennen의 변증법, 슬퍼하는 것과 신뢰하는 것 Trauen-Vertrauen의 변증법을 당당하게 구사한다. 우리는 그것을 알기 때문에 그것을 인식하고, 지식과 인식에 기초한 신뢰를 가지고 있기 때문에 말하고 행동하는 것을 믿는다. 유사한 단어의 영역, 신뢰하는 treu, 신뢰하다 trauen, 신뢰 Zutrauen, 털어놓다 anvertrauen, 친밀한 vertraulich, 믿을 만한 zutraulich은 안전하게 느끼다 Sich-sicher-Fühlen라는 단어보다 넓은 심리 영역에 속한다. 사람들은 뭔가 모호한 것을 기대하지 않는 곳에서, 전적으로 낯선 것을 두려워하지 않는 곳에서 안전하게 느낀다. 고향에서 산다는 것은 이미 잘 알고 있는 것이 별다른 변화 없이 반복된다는 것을 말한다. 우리가 오로지 고향만 알고 그 밖에는 아무것도 모른다면 지역주의 속에서 정신적으로 황량해지거나 시들어갈 수 있다. 그러나 고향을 알지 못한다면 무질서, 당혹감, 산만함 속에 빠지게 된다.

어쩌면 사람들은 망명이 불치의 병이 아니라는 이의를 제기할 것이다. 우리는 오랜 생활을 통해 낯선 것을 고향으로 만들 수 있기 때문이다. 우리는 그것을 새로운 고향을 찾는다고 말한다. 그리고 우리가 서서히 기호를 해독하는 법을 배운다면 그 말은 옳다. 우리는 상황에 따라 낯선 나라에서 '고향처럼' 느낄 수 있어서, 결국에는 그들의 언어와 얼굴의 특징, 그들의 옷차림에 따라 사회적으로나 지적인 위치를 가늠할 능력을 갖게 되고, 한 집안의 연대, 기능, 경제적 가치를 첫눈에 인식하며, 이 주민들을 힘들이지 않고 역사와 민요에 연결시킬 수도 있다. 그럼에도 불구하고 이 같은 적절한 경우에도 이미 성인이 되어 새로운 나라로 온 망명자에게 기호를 통찰하는 것은 즉흥적이기보다는 오히려 지적이고 정신적인 수고와 관련한 행위이다. 우리는 외부 세계를 가짐으로써 그것의 해석을 습득할 수 있고 아주 일찍 받아들였던 기호만이 우리 개성의 구성 요소이자 상수가 된다. 문법을 몰라도 모국어를 배울 수 있는 것처럼, 우리는 고향의 세계를 그렇게 경험한다. 모국어와 고향의 세계는 우리와 함께 성장하고, 우리 속으로 들어와 우리에게 안전을 보장해 주는 신뢰감을 형성한다.

여기서 우리는 이전에 잊어버렸던 전래 민요와 진부한 속담을 통해 전수된 고향의 이미지를 다시 만난다. 예상치 않았던 어떤 유사성이 전해져 오는가! 나이 든 유모가 들려주던 동화, 침대 머리맡에서 보던 어머니의 얼굴, 이웃집 정원에서 풍겨오는 라일락 향기, 거미가 나오는 방과 우리 같은 사람은 문학작품을 통해서 알고 있는 마을의 보리수나무 앞에서 부르던 돌림노래는 왜 아니겠는가? 우리는 고향이란 단어가 연상시키는 향토 예술, 향토 문학, 고향과 관련한 모든 종류의 어리석은 짓거리들에 관해 상상력을 불러일으키는 고통스러울 정도로 정겨운 노래를 기꺼이 몰아내고 싶어 한다. 그러나 그것은 고집스럽게도 우리의 발꿈치에 들러붙어 자기들의 영향력을 주장한다. 사람들은 고향이란 단어를 곧바로 정신적으로 낮은 수준으로 생각해서는 안 된다. 실제로 그렇다 하더라도 카로사[10]를 어중간한 작가로 치부해서는 안 된다. 그러나 더블린이 없는 제임스 조이스James Joyce, 빈이 없는 요제프 로트Joseph Roth, 일리에 콩브레Illiers-Combray[11]가 없는 프루스트란 무엇인가? 《잃어버린 시간을 찾아서》에서 가정부 프랑수아와 레오니 아주머니의 이야기도 고향 문학이다. 굼뜬 게으름뱅이가 고향 콤플렉스를 가지고 있다고 해서 그를 무시해서는 안 된다. 그래서 다시 한번 분명히 하자면 '새로운 고향'이란 존재하지 않는다. 고향이란 유년의 나라, 어린 시절의 나라이다. 그것을 잃어버린 사람은 패배자로 남게 되는데, 타향에서는 더 이상 술에 취해 비틀거리며 돌아다닐 수도 없고, 발을 내딛는 것 또한 얼마간의 두려움과 함께 새로 배워야 한다.

여기서 나는 제3제국 망명자들에게서 고향 상실의 정도와

---

10 Hans Carossa(1878~1956). 독일 바이에른 주 출신의 의사이자 작가. 나치 치하에서 내적 망명Innere Emigration을 했다.
11 프루스트가 유년 시절을 보낸 사르트르에서 20킬로미터 정도 떨어진 마을이다.

그 결과를 규정하는 것이 중요하고, 그래서 지금까지 단지 암시적으로만 말했던 것을 상세하게 논의할 필요가 있다. 고향 상실의 의미를 1940년 내 고향이 독일 점령군의 모습으로 내 뒤를 쫓아올 때야 나는 비로소 제대로 인식할 수 있었다. 1943년 내가 체포되기 직전에 겪었던 대단히 아슬아슬했던 사건이 떠오른다. 우리 저항군은 당시 한 아가씨의 집을 거점으로 삼았는데, 그곳에는 불법 전단지를 만들던 복사기가 있었다. 나중에 그 대가로 자신의 목숨을 지불해야 했던 너무 겁이 없던 이 젊은 여성은 때때로 대화 중에 이 집에 '독일군'이 산다고 무심코 언급했는데, 그것은 우리 숙소의 안전을 위해서 오히려 유리해 보였다. 어느 날 우리의 은닉처 아래층에 살고 있는 독일인은 우리가 주고받는 대화와 부산함 때문에 오후의 휴식이 방해받는다고 느꼈던 모양이었다. 그는 위층으로 올라와 문을 세차게 두드렸고, 발을 쿵쿵거리며 문지방을 넘어왔다. 하필이면 검은 칼라와 실로 새겨 넣은 보안업무 표장을 단 친위대원이었다. 우리는 모두 까무러칠 정도로 놀라 창백해졌다. 옆방에 우리의 작업 도구들이 놓여 있었기 때문이었다. 그것은 제국의 존속에는 아무 위협도 되지 않는 프로파간다 작업을 위한 것이었다. 그러나 단추를 채우지 않은 유니폼 윗도리 사이로 털이 많이 난 가슴을 내보이며 잠에 취한 눈으로 우리를 노려보는 그 남자는 사냥개 같은 자신의 전문 직업과 관련된 의도는 전혀 갖지 않은 채, 야간 업무로 지친 자신과 동료의 휴식을 원한다고 소리를 질렀다. 그는 자신의 요구사항을 말했는데, 그 순간 내가 그토록 놀랐던 것은 그가 나의 작은 고향 마을 사투리를 썼기 때문이었다. 나는 오랫동안 그 억양을 듣지 못했고, 그래서 그에게 같은 사투리로 대답하고 싶은 터무니없는 욕구가 내 속에서 솟구쳤다. 나는 온몸이 덜덜 떨리는 두려움과 동시에 몰려오는 진심 어린 친근감이라는 모순 적이고 거의 비정상적인 감정 상태에 빠졌다. 그 순간 곧바로 내 목숨을 원치는 않았지만, 나 같은 사람을 가능한 한 많이 죽음의 수용소로 끌고 가는 것이 자신의 임무인 그 사람이 갑자기 잠정 적인 친구로 보였기 때문이었다. 내가 그의 언어이자 나의 언어 로 말을 걸었다면 어땠을까? 그런 다음 포도주 한잔을 놓고 고 향과 화해를 위한 축배를 들기 위해 말이다.

다행히도 나의 불안과 이성은 터무니없는 생각을 저지할 만 큼 강했다. 나는 프랑스어로 사과의 말을 중얼거렸고, 아마도 그 것이 그를 안심시킨 모양이었다. 그 남자는 문을 쾅 닫고는, 운 명이 정해준 군인의 의무에 따르면 자신의 먹잇감인 나와 그 반 란의 장소를 떠났다. 그 순간 나는 고향이 적의 나라인 것을, 나 의 선량한 동향인이 이 세상에서 나를 제거하도록 그 고향에서 보내졌다는 것을 **완벽하게**, 그리고 영원히 깨달았다.

그것은 정말로 사소한 경험이었다. 그러나 동유럽에서 넘 어온 독일인 피난민이나, 히틀러를 피해 뉴욕이나 캘리포니아로 건너와 독일 문화의 공중누각을 지은 이민자들은 결코 그 같은 경험을 하지 않았다. 동유럽에서 넘어온 독일 피난민은 외부 세력이 그들에게서 자기 땅을 빼앗았다는 것을 안다. 안전하게 살고 있는 문화 이민자는 우리가 잠시 지나가는 운명의 여정에 대해, 민족사회주의 지배 아래에서 마찬가지로 억압당하고 있는 독일 민족에 대해 허튼 말을 지어낸다고 생각한다. 그러나 우리는 땅을 잃은 것이 아니라 그 땅이 애초에 우리의 소유가 아니었다는 사실을 알아야 했다. 그 나라와 그 사람들과 관련한 모든 것이 우리 인생의 오해였던 것이다. 우리가 믿었던 첫사랑은 저 너머에 있는 그들이 말하는 것처럼 인종의 수치였다. 우리의 본질을 규정한다고 믿었던 것이 위장이 아니라면 무엇이었을까? 전쟁 동안 적이 된 고국의 점령을 받으며 살았던 우리는 솔직히 말해 외부 세력에 의해 억압받는 고향을 생각하는 것이 전적으로 불가능했다. 벨기에의 지방어 뒤에 숨어서 벨기에식으로 재단한 벨기에 취향의 옷을 입고 길거리와 음식점에서 만났던 동향 사람들은 너무도 기분이 좋아 보였다. 내가 의도적으로 꾸민 서툰 독일어로 대화를 시도하면 그들은 이구동성으로 자신들의 총통 Fuhrer과 그의 계획에 대해 과다할 정도로 설명해 주었다. 그들은 믿음 있는 젊은이의 힘찬 목소리로 천사들의 나라를 향해 가기를 원한다고 떠들었다. 그들은 행진을 하면서 상당히 멍청한 노래를 부르기도 했다. 그 노래는 유대인들이 이리저리 가로질러 홍해를 건너지만 마침내 파도가 그들을 집어삼켜서 세계는 마침내 평화를 누린다는 내용이었다. 노래는 리드미컬하고 힘차며, 동의를 구하는 듯이 들렸다. 고향은 그 같은 형상으로 우리에게 다가왔고, 모국어의 종소리가 우리의 귓가를 울렸다.

내가 그 어떤 문학으로도 고정되지 않은, 전적으로 새로운 감정으로 우리가 가진 향수의 성격에 대해 하는 말을 사람들은 이제 더 잘 이해할 것이다. 전통적인 향수는 우리에게 작은 보너스로 주어졌다. 망명 중에 고향 사람들과 함께 얘기를 나눌 때 우리가 향수를 느끼는 것은 주제넘은 일이었는데, 실은 우리 스스로는 향수를 가질 권리가 없었기 때문이었다. 그런데도 향수에 젖어 완전히 눈물겨운 감상 속에 빠져들었다. 우리는 벨기에 사람들에 의해 좋든 싫든 독일인 혹은 오스트리아인으로 분류되었는데, 더 정확히 말하면 대화의 상대방이 우리에게 고향을 강요하고, 연기할 역할을 규정하는 순간 우리는 독일인 혹은 오스트리아인이 되었다. 전통적인 향수는 우리에게나 그 속에서 일말의 비애를 느끼는 모든 사람에게 위안을 주는 자기연민이다. 그러나 거기에는 우리가 불법적으로 고향을 우리 것으로 삼았다는 의식이 항상 깔려 있었다. 취기가 돌면 우리는 안트베르펜 사람들과 사투리로 고향 노래를 불렀고, 고향의 산과 강에 대해 이야기했으며, 몰래 눈가를 훔치기도 했다. 그러나 그것은 엄청난 영혼의 기만이 아닌가! 그것은 위조된 서류와 훔친 족보를 가지고 집으로 돌아가는 것과 같았다. 우리는 그런 것처럼 연기했지만 그런 권리를 갖지는 않았다. 얼마나 바보스럽고 기만적인 시도인지!

진짜 향수병, 존경스럽게도 토마스 만을 인용하는 것이 허용된다면 '이 최악의 병 Hauptwehe'은 다른 종류로, 주로 혼자 있을 때 우리를 찾아왔다. 그것은 더 이상 노래가 아니고, 잃어버린 풍경에 대한 몽상적인 주술도 아니며, 공모를 바라면서 껌벅거리는 축축해진 눈가도 아니었다. 진짜 향수병은 자기연민이 아니라 자기파괴였다. 그것은 부분적으로는 잃어버린 나에 대한 자기경멸과 증오심 없이는 벗어날 수 없는, 우리의 과거에 대한 해체로 이루어졌다. 우리는 적대적인 고향을 파괴해 버렸고, 동시에 우리는 그것과 연결되어 있는 우리 삶의 일부를 절멸시켰다. 자기증오와 연결된 고향에 대한 증오는 마음을 아프게 하고, 그 고통은 자기파괴라는 힘든 작업 가운데 이따금 전통적인 향수병이 몰려와서 자리를 요구할 때면 견딜 수 없을 정도로 고조되었다. 우리의 다급한 바람들과 사회적인 의무 때문에 증오했던 것이 갑자기 우리 앞에 나타났고, 갈망되기를 원했다. 그것은 완전히 말도 안 되는 신경증적 상태로, 그 앞에서는 어떤 정신분석적인 잡동사니도 자라지 못했다. 그것에 대한 치료법이란 오로지 역사적 실천일 텐데, 이것은 독일의 혁명과 더불어 우리의 귀환을 촉구하는 고향의 강력한 요구를 말한다. 그러나 혁명은 일어나지 않았고, 민족사회주의 세력이 마침내 외부에 의해 붕괴되었을 때, 우리의 귀환은 고향에 오로지 당혹감을 가져다주었을 뿐이었다.

모국어와의 관계는 여러 해에 걸친 망명 내내 고향과의 관계와 유사했다. 아주 특정한 의미에서 우리는 모국어 역시 잃어버렸고, 그 어떤 반환 절차도 시작할 수 없었다. 이미 언급한 독일 작가들의 망명 기록을 수록한 《추방》이란 책에서 나는 철학자 권터 안더스[12]의 기록을 읽는다. "스스로 구사하는 것이 아니라 기껏해야 흉내 내는 언어 속에서 몇 해 동안 열등한 말하기에 스스로를 희생하지 않고는 그 누구도 움직일 수 없었다. …… 영어, 프랑스어, 스페인어를 아직 제대로 배우지 못했는데도 우리의 독일어는 한 조각 한 조각 부수어지기 시작했고, 대부분은 아주 비밀스럽고 점진적으로 진행되어 우리는 그것의 상실을 깨닫지 못했다." 그러나 이것은 넓은 의미로는 망명자들의 모든 언어적인 문제만 포함하는 것은 아니다. 모국어의 '부수어짐' 대신 나는 차라리 모국어의 위축이라고 말하겠다. 우리는 낯선 언어 속에서 움직일 뿐 아니라 독일어를 사용할 때면 항상 반복되는 단어들로 한정된 공간 속에서 움직이는 것이기도 했다. 대화는 필연적으로 운명을 같이하는 동지와 함께 항상 동일한 대상 주변을 맴돌았다. 처음에는 생계의 문제, 체류 허가와 여행 허가서 주변을, 나중에는 독일 점령 아래에서 유일하게 남아 있는 죽음의 위험 주변을 말이다. 우리와 함께 대화를 나눈 사람들은 우리 언어에 다른 실체를 더하지 않았고, 자신들의 거울상을 우리에게 비추었다. 우리는 같은 주제, 같은 단어, 같은 문장의 원 속

---

12 Günther Anders(1902~1992). 오스트리아의 철학자 · 작가. 반핵운동, 기술 비판, 매체철학 등을 주제로 다루었으며, 1929년부터 1937년까지 아렌트와 결혼생활을 유지했다.

에서 항상 돌고 돌았고, 기껏해야 비굴하게도 우리가 머물던 나라의 언어에서 나온 표현을 대충 도입함으로써 우리의 언어를 늘려갔다.

저 너머 적이 된 고향에서는 언어의 변화가 계속되었다. 그곳에서 생겨난 것은 아름다운 말이 아니었다. 그것은 적의 폭격기, 전쟁 효과, 전선 초소, 심지어는 나치의 고유한 은어적 표현과 더불어 **현실**의 언어였다. 모든 변화된 말은 비유의 말이다. 그것이 하늘을 향해 앙상한 가지를 고집스럽게 뻗고 있는 나무에 관한 것이든, 독일 민족공동체에 근동의 독을 퍼뜨리는 유대인에 관해서든 말이다. 눈에 띄는 현실은 항상 비유를 위한 자료를 제공한다. 우리는 독일의 현실에서, 따라서 독일어에서도 저지당했다. 우리들 대부분은 독일로부터 점령된 나라로 날아오는 언어의 조각을 원칙적으로는 타당하지만 실제로는 부분적으로만 사용 가능한 논거를 가지고 거부했다. 그 논거란 저 너머에서 언어의 타락이 행해지고 있으며, 자신들의 임무는 독일어를 '순수하게' 유지하는 데 있다는 것이다. 그때 그들은 때로는 이민자의 중국어로, 때로는 낡고 주름지고 일그러진 인공어로 말했고, 그러면서도 이 시대 언어의 좋은 혹은 좋지 않은 유산에서 얼마나 많은 것이 히틀러의 몰락을 넘어서까지 독일에 남게 되고 문학 언어 속에 유입될지 예감하지 못했다.

나와 마찬가지로 다른 사람들도 변해가는 독일어에 매달리는 절망적인 시도를 계속했다. 나는 극도의 반감에도 불구하고 매일 독일 점령군의 기관지 《브뤼셀 차이퉁Brüsseler Zeitung》을 읽었다. 그것이 나의 언어를 타락시키지는 않았지만, 내 언어에 도움을 주지도 않았던 것은 내가 독일 공동체의 운명에서 제외되어 있었고, 그렇게 함으로써 이 언어로부터도 제외되어 있었기 때문이었다. '적의 폭격기', 좋다. 그러나 그것은 내게는 영국의 도시들을 파괴했던 독일 비행기들이었지, 독일에서 같은 일을 하고 있는 미국인들의 날아다니는 요새는 아니었다. 나에게 독일어의 모든 의미 내용은 변해 있었고, 마침내는 우리가 그것에 저항하든 저항하지 않든 간에, 모국어도 우리 주변 사람들이 말하던 언어와 마찬가지로 적대적으로 되어갔다. 여기서도 우리의 운명은 미국에서, 스위스에서, 스웨덴에서 안전하게 살았던 저 이민자들과는 매우 달랐다. 단어들은 죽음의 위협이 도사리는 현실에 의해 무거워졌다. "숲과 계곡을 다시 채우는구나Füllest wieder Busch und Tal."13 그것은 떨리는 단도를 내 앞에 겨누고 있는 살인자가 입에 올릴 수 없는 유일한 문장은 아니었다. 숲과 계곡, 사람들은 그 속에서 아마도 자신을 숨기려고 할 터였다. 그러나 사람들은 소리 없는 안개 속에서도 발각되었다. 독일에 점령된 망명국에서 숨 막히던 모국어의 너무나 무거운 현실 내용이 여전히 끔찍한 지속성을 가지고 오늘날에 이르기까지 우리의 언어에 부담을 주고 있다는 사실을 아직도 더 말해야 하는가?

---

13 괴테의 시 〈달에 부쳐An den Mond〉에 나오는 첫 구절이다.

모국어가 우리에게 얼마나 적대적으로 보였는지는 낯선 여자가 진짜 여자 친구가 될 수 없는 것과 마찬가지였다. 그녀는 서먹서먹하게 행동했고, 잠시 인사차 방문을 하도록 우리를 맞아들였다. 사람들은 그녀에 대해 친구를 방문한 것처럼comme on visite des amis 말하지만, 우리가 친구 집에 들르는 것과 같은 것은 아니었다. 'La table'은 결코 테이블der Tisch이 되지 않고, 기껏해야 그 앞에 앉아 먹을 수 있을 뿐이다. 심지어는 각각의 모음조차도 물리적 특성에서는 고국에서와 마찬가지였지만, 낯설었고 낯설게 남아 있었다. 그러자 안트베르펜으로 망명한 후 처음 며칠 동안 경험했던 일이 생각난다. 한 우유 배달 소년이 어느 대문 앞에다 우유를 배달하면서 강한 플랑드르 사투리가 섞인 네덜란드어로, 내 고향의 구어에서 흔히 그랬던 것처럼 '야Ja'를 'O' 소리에 가까운 낮은 'A'로 발음하는 것을 들었다. 그 '야'는 친밀한 동시에 낯설었고, 나는 다른 언어에서는 손님의 권리Gastrecht가 언제나 철회될 수 있다는 것을 깨달았다. 소년이 '야'라고 말했을 때의 입 모양은 내게 익숙한 것은 아니었다. 그가 그 말을 했던 대문 앞은 고향에 있는 대문과는 다르게 보였다. 길 위의 하늘은 플랑드르 하늘이었다. 모든 언어는 우리가 그 언어 영역으로 양심적이고 보다 안정된 걸음으로 들어서기 위해서는 정당한 소유권을 가져야 하는 전체 소유물의 일부였다.

　나는 고향과 모국어의 상실이 제3제국에서 망명을 떠나야 했던 우리들에게 무엇을 의미하는지를 좇아보고 찾아내려 노력했다. 그러나 (내 글의 제목이 대답을 요구한다) 고향이란 개인적인 운명은 차치하고 동시대인들에게는 일반적으로 무엇인가라는 질문이 다가온다. 이 시대의 모든 정서가 고향이란 사유에 적절치 않다는 것은 분명하다. 누군가가 고향에 대해 말하는 것을 들으면 사람들은 배타적인 민족사회주의, 추방자 단체의 영토권 주장과 같은 지나간 것을 곧바로 떠올린다. 고향, 그것이 빛바랜 가치가 아니라면, 현대 산업사회의 현실에 더 이상 상응하지 않는, 그러나 여전히 감정이 실린 지나간 날로부터 끌어내 온 무의미한 개념인가? 우리는 그것을 알게 될 것이다. 그러나 그 이전에 고향과 조국의 관계를 가능한 한 간략하게라도 설명해야 한다. 널리 알려진 견해에 따르면, 고향은 지역적이고 민간 전승적인 제한 속에서도 여전히 그림 같은 아름다운 가치를 지니는 반면, 조국이란 단어는 선동적인 표어이자 반동적인 완고함의 표현으로 매우 미심쩍어 보인다. 민족들의 유럽 L'Europe des patries, 그것은 긍정적으로 들리지 않고, 시대의 운명이 빠른 걸음으로 지나가게 될 한 나이 든 장군의 집착일 뿐이다.

나는 나이 든 장군이 아니다. 나는 민족의 위대함에 대해 꿈꾸지 않으며 내 가족 앨범에서 군인이나 국가 고위 공직자를 찾지도 않는다. 나는 또한 활쏘기 축제나 민요나 민속 의상 축제에 심한 거부감이 있으며, 독일에서 사람들이 얼마 전까지 짐승 같은 지식인 Intelligenzbestie이라 불렀던 바로 그 사람이며, 해체적인 경향에서 자유롭지 않다는 것을 안다. 그러나 나는 공부를 한 실향자이기 때문에 고향의 가치를 고백하려 하고, 고향과 조국 사이의 날카로운 구분을 거부하며, 결과적으로 우리 세대의 사람들은 결국은 하나인 이 두 가지가 없이는 잘 지낼 수 없다고 생각한다. 조국이 있는 사람은 말할 것이다. 자립적이고, 독립적인 국가 단위를 구성하는 사회 구성물 속에서 집이 없다는 것은 고향도 없다고 말이다. "Kde domow muj-내 조국은 어디인가?" 다민족국가였던 오스트리아-헝가리 제국에서 독립국가가 아니었던 체코 땅을 자신들의 고향이나 조국으로 생각하거나 느낄 수 없었던 체코인들은 노래했다. 그들은 조국을 되찾고 그렇게 해서 자신들의 고향을 실현하기를 원했기 때문에 그렇게 노래했다. 좋다. 우리는 이의를 제기할 수 있지만, 그것은 게르만 민족인 오스트리아에 의해 식민지화된 문화적으로나 경제적으로 억압된 민족의 반응이었다. 동등한 권리를 가진 민족들이 자유로운 결정으로 보다 큰 공동체로 결속한 곳에서 사람들은 지역적이고 언어적인 특수성을 간직하면서도 국가적 형태로서의 조국을 가질 필요 없이 고향을 간직할 수 있다. 그들의 조국은 더 커질 것이다. 내일은 소유럽으로, 모레는 대유럽으로, 아직은 알 수 없지만 분명 미래의 세계는 빠르게 다가오고 있다.

나는 그것에 대한 나의 의심을 말하고자 한다. 한편으로 나는 고향이 더 이상 조국일 수 없을 경우 고향이기를 어떻게 중단했는지를 충분히 경험했다고 생각한다. 우리나라가 1938년 3월 12일 국가의 독립성을 상실하고 대독일제국으로 합병되자 그 나라는 내게 완전히 낯설어졌다. 경찰 유니폼, 집 앞의 우편함, 관청의 문장, 가게 앞의 많은 간판은 새로운 얼굴을 하고 있었고, 음식점의 식단표조차도 알지 못하는 다른 음식들로 채워졌다. 다른 한편, 조국이 여전히 고향으로 경험할 수 있는 공간을 넘어 훨씬 커지면, 조국으로서의 성격을 잃어버린다. 그러고 나면 그것은 소비에트 연방이나 미합중국처럼 주민들에게 제국 의식과 과열된 대제국 민족주의 의식을 부여하는 제국Imperium이 된다. 내일 북아메리카인들이 라틴아메리카 국가들을 포함하여 전 대륙을 정복한다면, 그들의 제국주의 의식은 오늘날 이미 그런 것과 같이 앞으로도 그렇게 지배하게 될 것이다. 그러면 그들은 오늘날 뉴잉글랜드에서 아이오와나 캘리포니아로 이주하는 것처럼, 가족과 함께 뉴욕에서 라 파스로 이사를 갈 것이다. 이 광활한 땅 모두가 그들에게 속하고, 백악관 대통령의 신민이라는 기고만장함을 가지고 말이다. 그러나 그들은 조국과 고향에 대해 오늘날보다 더 많은 것을 갖지는 못할 것이다. 텍사스와 뉴저지 사이에 포괄적인 사회구성체로서의 그들의 제국은 언어를 통해서라기보나는 오히려 거대산업체의 표준화된 소비재를 통해 인식될 것이다. 제너럴 모터사가 있는 곳에 그들의 유사 조국과 그들의 유사 고향이 있다.

물론 우리는 '그렇다 하더라도'라고 말할 수 있다. 사람이 고향과 조국을 상실한다는 것은 그 사람에게 불행은 아니다. 반대로 그 사람은 자기 것으로 당연하게 여기는 공간과 함께 커져

간다. 독일인, 프랑스인, 이탈리아인, 벨기에인, 네덜란드인, 룩셈부르크인에게 오늘날 이미 생겨난 소유럽은 비록 전통적 의미의 조국이나 고향은 아니지만, 그들에게 속하는 것이 아닌가? 그들은 카를스루에나 나폴리, 브레스트, 로테르담에서 동일한 자신감으로 말하고 행동한다. 그들은 이미 **세상**이 자기에게 속한 부유하고, 그래서 움직임과 결정이 자유로운 사람의 입장에서 생각한다. 제트기는 불과 40년 전에 빈에서 티롤 지방의 마을까지 완행열차로 달렸던 것보다 더 빨리 그들을 파리에서 도쿄로, 뉴욕에서 토론토로 데려다준다. 현대인들은 고향을 세계와 맞바꾼다. 얼마나 눈부신 사업인가!

멋진 사업 La belle affaire! 그것을 의심하면서 우둔하게도 한 장소에 머무르는 무지몽매한 사람이어서는 안 된다. 많은 사람이 지붕 위에 있는 벌새를 위해 손 안에 든 참새를 포기하듯, 인류의 세계시민주의를 사들이기 위해 어제 고향이라 불렀던 것을 포기한다. 자동차로 퓌르트에서 코트다쥐르로 여행하고, 그곳의 카페 테라스에서 마티니 두 잔을 주문하는 사람은 20세기 후반의 세계 시민이고, 고향-세계-사업의 수익을 골고루 거두어들였다고 말할 수 있다. 그가 병이 들었을 때, 의사가 그에게 그 나라에서 흔히 사용하는 의약품을 처방하면, 그는 프랑스의 약학에 대한 모호한 생각을 떠올리며 바이어[14]와 독일 의사들을 그리워할 것이다. 여

---

14 Bayer, 독일 제약회사.

행과 출장에서 얻은 표면적인 세계 지식과 언어 지식은 고향을 위한 대체물이 아니다. 이 교역은 아무래도 미심쩍어 보인다.

그러나 앞으로 다가올 세대도 고향 없이 잘 지낼 수 없다거나 지내야 한다는 것을 말하는 것은 아니다. 프랑스 사회학자 피에르 베르토[15]가 인간의 상호작용이라 부른 것, 곧 기술-과학적 혁명에 대한 심리적 동화는 불가피하다. 새로운 세계는 대담한 대유럽의 꿈이 오늘날 상상하는 것보다 훨씬 단호한 **하나의** 세계이다. 오늘날 우리가 정서적으로 소유하고 일상적으로 사용하고 있는 대상들은 완전히 대체될 수 있다. 미국의 도시 설계자들은 미래의 집은 소모품으로 만들어질 것이라고 벌써부터 예상한다. 그들은 20년 혹은 25년 간격으로 도시의 전 구역을 균등하게 만들고 새롭게 건설하게 될 것이라고 말한다. 집수리가 오늘날 자동차 수리처럼 그다지 비용이 들지 않기 때문이라는 것이다. 그러나 그 같은 세상에서 고향이란 개념이 여전히 존재할 수 있을까? 도시들, 자동차 도로, 서비스 센터, 가구, 가전제품, 접시와 숟가락은 도처에서 동일할 것이다. 미래 세계의 언어 또한 오늘날 자연 과학자들에게 이미 그런 것처럼 순전히 기능적인 이해 수단으로 사용될 수 있다. 물리학자는 수학의 언어로 의사소통을 하고, 저녁의 칵테일파티에서는 기초 영어면 충분할 것이다.

---

15 Pierre Bertaux(1907~1986). 프랑스의 독문학자 · 정치가. 레지스탕스 운동의 첩보 전문인이다.

내일 다가올 세계는 분명 고향이 될 것이고, 모국어들은 어쩌면 스스로에게서 추방될 것이며, 한낱 역사적인 특별 연구의 대상으로 주변부에서나 존속하게 될 것이다.

그러나 우리는 아직 그 정도는 아니다. 아직 한동안은 그렇지는 않을 것이다. 우리가 고향이라 부르는 것은 감각에 의한 인지로 이루어진 현실로 향하는 통로를 우리에게 열어준다. 측정 기구의 진자운동에서 현실을 알지 못하는 물리학자와는 달리 우리는 보고 듣고, 만지는 것에 의존한다. 우리의, 아니 나 자신의 세대, 즉 이미 내리막길을 가고 있는 오십 대인 내 세대는 역사를 말해 주는 사물과 더불어 살아왔다. 누가 그 안에서 살았는지 알 수 있는 집을 필요로 하고, 미세한 불규칙적인 모양에서 그것을 만든 수공업자를 알아보게 되는 가구를 필요로 한다. 우리는 적어도 박물관의 오래된 동판화에서 희미한 기억을 일깨우는 도시의 얼굴을 필요로 한다. 도시의 현실은 내일의 도시 설계자나, 청구서에 따라 지형측량학적인 지점에 정주하는 주민들을 위해 인구통계학적인 발전을 전제하는 통계 도표로, 건설 계획으로, 새 도로의 설계도로 이루어진다. 그러나 그것은 우리의 머릿속에서는 나이 든 고트프리트 켈러[16]의 '사랑스러운 작은 창문'[17]

---

16 Gottfried Keller(1819~1890). 스위스의 소설가. '스위스의 괴테'라고 일컬어진다.

17 켈러의 시 〈저녁 노래Abendlied〉에 나오는 구절이다.

처럼 현실이라는 전체성 속에서 드러나는, 우리가 **회상**Erinnern이
라 부르는 정신적 과정 속에서 작동한다.

회상하기. 이 슬로건은 내려졌고, 우리의 회상은 저절로 그
것의 주된 대상, 다시 말해 제3제국이 추방한 사람의 고향 상실
로 되돌아간다. 그는 실향한 지 오래되었고, 수십 년이 지나는
동안 시간의 째깍거림과 함께 흔적이 남는 상처가 아니라 몇 해
에 걸쳐 슬그머니 들어와서는 점점 상태가 악화되는 질병으로
괴로워한다는 것을 깨달아야만 한다.

실향은 나이 들어가는 우리를 점점 더 과거에 대한 회상에
의존하게 만들기 때문이다. 망명하고 나서 첫 몇 해를 돌이켜보
면 내가 당시에 집과 과거에 대한 향수를 느꼈다는 것을 알지만,
그 두 가지가 희망에 의해 어느 정도까지는 해소되었다는 생각
이 들기도 한다. 젊은 사람들은 대부분 주변 세계가 그들에게 허
용한 무제한적인 신뢰를 가진다. 그들은 현재의 자신일 뿐 아니
라 되어야 할 사람이기도 하다. 그때 나는 15마르크를 가지고 서
있었고, 그때 나는 호송 열차 안에 쪼그려 앉아 있었고, 그때 나
는 통조림 깡통에 든 수프를 떠먹었다. 나는 정확히 규정하지는
못했는데, 그것은 사람들이 내게서 과거와 출신을 빼앗아갔기
때문이었으며, 집 안에 살았던 것이 아니라 번호가 붙여진 바라
크에서 살았기 때문이며, 내가 이스라엘이란 중간 이름을 달고
있었기 때문이었다. 그 이름은 우리 부모님이 지어준 것이 아니
라 한스 글롭케[18]라는 사람이 붙여 준 것이었는데, 그렇게 나쁘

지 않았으며 그렇게 치명적이지도 않았다. 나는 비록 파악할 수 있는 과거와 현재는 아니지만, 어쨌든 하나의 미래였다. 상부 책임자를 때려죽일 사람, 어쩌면 뉴욕의 노동자, 오스트레일리아의 이민자, 파리에서 프랑스어로 글을 쓰는 작가, 센강변에서 술병을 끼고 배회하는 부랑자가 될 수도 있었다.

그러나 사람이 나이가 들면 믿음은 소진된다. 그 사람의 지평은 그의 온몸으로 다가오고, 그의 내일과 모레는 힘도 확실함도 갖지 않는다. 그는 현재의 그일 뿐이다. 오고 있는 것은 더 이상 그 주변에 있지 않고, 그래서 그 안에 있지도 않다. 그는 앞으로 될 것에 근거를 둘 수도 없다. 그는 세계에 헐벗은 자신의 존재를 보여준다. 그럼에도 불구하고 그 존재 속에 하나의 **과거**가 편안하게 쉬고 있다면 그 사람은 계속해서 존속할 수 있다. 사람이 나이를 먹어 가면, 자신의 미래 없는 존재가 사회적으로 부인된 과거를 포함하지 않는다는 것을 안다. 그 사람은 말한다. "아, 당신은 어쩌면 보잘것없는 서기, 평범한 화가, 숨을 가쁘게 몰아쉬며 계단을 올라가는 천식 환자를 봅니다. 당신은 그런 나의 현재를 보지만, 과거의 나를 보지는 않습니다. 그러나 나의 과거가 내 자아를 여전히 결정하고, 수학 선생님이 내게 큰 희망을 품으

---

18 Hans Globke(1898~1973). 민족사회주의에 이어 연방독일(서독)에서 국가 관리를 이끈 법률가. 엘리트 관료의 대표적인 예이다. 나치 치하에서 유대인의 개명법을 도입하여 여성에게는 '사라', 남성에게는 '이스라엘'이란 중간 이름을 붙이도록 했다.

셨다는 것, 나의 첫 번째 전시가 탁월한 평가를 받았다는 것, 내가 훌륭한 스키 선수였다는 것을 자신 있게 말할 수 있습니다. 부디 당신이 나에 대해 가지고 있는 이미지 속에 그것을 넣어주십시오. 내 과거의 영역을 인정해 주십시오. 그렇지 않으면 나는 완전하지 않습니다." 인간은 자신이 실현해 낸 것뿐이라는 말은 사실이 아니거나 어쨌거나 완전한 사실은 아니다. 사르트르가 언젠가 했던 말이 완전히 맞는 것은 아니다. 그는 끝나가는 인생에서 끝은 시작의 진실이라고 말했다. 그것은 비참한 역사였을까? 어쩌면……. 그러나 그 역사는 모든 단계에서 비참했던 것은 아니었다. 과거의 나의 잠재력은 이후의 나의 실패나 혹은 충분치 못한 성공과 마찬가지로 나에게 속한다. 나는 과거 속으로 물러났고, 그 과거는 그 위에 내가 앉아 있는 낡은 부분이다. 나는 그것과 평화롭게 살고, 다행히 거기서 나쁘게 지내지 않는다. 자신의 과거에 대한 권리를 가진 사람의 말은 대충 그러하다.

제3제국에서 추방당한 사람은 결코 과거를 발설하지도, 생각할 수도 없다. 그는 되돌아본다. 거기서 미래는 더 젊은 사람에게 다가가는 것이기에, 그리고 오로지 그들을 향해서만 다가가는 것이기 때문에, 그는 어느 곳도 엿보지 않는다. 그는 1933년부터 1945년까지 폐허 속에 알아보지 못하게 누워 있다. 그리고 그것은 오늘 처음 있는 일은 아니다. 나는 망명 초기에 외국의 영사관 대기실에서 만났던 유대인들을 아직도 기억한다. 그들은 상인계급 출신의 정신적으로는 단순한 사람들로, 독일에서의 파괴된 인간관계에 여전히 의지하려 했다. 한 사람은 도르트문트에서 큰 기성복 상점을 운영하고 있었고, 다른 사람은 본에서 이름난 그릇 가게를 소유하고 있었는데, 그 그릇 가게 주인은 무역자문위원이자 무역재판소 회원으로 활동했다. 그들은 금세 호언장담을 그만두고, 단 한 번도 1,000마르크짜리 지폐를 손에 쥐어본 적이 없는 다른 사람들 옆에 말없이 웅크리고 있었다. 그들은 1933년 도르트문트와 본의 고객들이 자신들과의 모든 거래를 취소했다는 사실을 놀라울 정도로 재빨리 파악했다. 사회적 현상으로서의 그들의 과거는 사회에 의해 회수되었다. 그 과거를 여전히 주관적이고 심리적인 소유물로 간직하는 것은 불가능했다. 상실을 받아들이기란 나이가 들수록 더 힘들기 마련이다. 그들이 뉴욕과 텔아비브에서 다시 옷과 그릇으로 돈벌이가 되는 사업을 꾸렸다 하더라도 말이다. 그리고 잠시 동안이나마 사업의 재기에 성공했던 사람들은 소수에 불과했다.

그러나 많은 사람에게는 무역품보다는 가벼운 정신적인 재산이 중요했는데, 거기서 과거의 상실은 세계의 완전한 황폐화를 의미했다. 추방당할 때 이미 나이가 많이 들었던 사람들은 그것을 정확히 인식하지 못했다. 1942년 내가 몇 달 동안 머물렀던 남프랑스의 귀르Gurs 수용소에는 당시 거의 일흔이 다 된, 당대에는 유명했던 카를스루에 출신의 서정시인 알프레트 몸베르트[19]가 수용되어 있었다. 그는 한 친구에게 보낸 편지에서 다음과 같이 썼다. "엄청난 비처럼, 모든 것이 내게서 떠내려간다네.

······ 모든 것을 남겨 두어야 했네. 모든 것을. 집은 게슈타포에 의해 폐쇄되었네. 100제국마르크를 가져가는 것이 허용된다는 것은 말뿐이었지. 나는 일흔두 살의 누이와 함께, 바덴과 팔츠의 모든 유대주민과 함께, 젖먹이와 최고령 노인들과 함께 몇 시간 만에 정거장으로, 그다음에는 마르세유, 툴루즈를 거쳐 바스 피레네에 있는 대규모 수용소로 호송되었다네. ······ 이와 비슷한 일이 일찍이 독일 시인에게 일어난 적이 있었던가?" 거의 참을 수 없는 이 구절들은 오로지 첫 번째 문장과 마지막 문장을 위해 존재한다. 두 문장 사이에 망명의 모든 문제가 포함되고, 이 편지를 쓴 지 1년 뒤에 스위스에서 세상을 떠난 이 노[老]시인에게는 정말이지 해결할 수는 없는 모순이 틈새를 벌리고 있다. 모든 것은 엄청난 비처럼 흘러 내려간다. 그 말은 맞다.《천상의 술꾼》이란 시집의 저자인 카를스루에 출신의 신낭만주의 시인 몸베르트의 과거는 그들이 '프레트 이스라엘 몸베르트'라는 이름으로 일흔 살 된 그를 호송해 가고, 그를 보호하기 위해 아무도 손을 내밀지 않았던 그날 이 세상에서 떠내려갔다. 그에게 '독일 시인'이 되는 역전이 일어나지 않았음에도 그는 글을 썼다. 그는 귀르의 바라크에서 굶주린 채, 해충에게 시달리며, 비시 정부의 아무

---

19 Alfred Mombert(1872~1942). 독일 작가이자 서정시인. 유대인이란 이유로 프로이센 예술원 회원에서 추방되고 그의 책은 독일에서 금지되었다. 귀르 수용소에 머물다가 스위스로 옮겨졌지만 그곳에서 사망했다.

것도 모르는 헌병에게 무지막지한 취급을 받았다. 우리 중 많은 사람은 수년 동안 해온 사색과 추구가 무엇을 위해 필요한지를 깨닫는 것이 불가능했다. 독일 시인이란 비단 **독일어로** 시를 쓸 뿐 아니라 **독일인을 위해** 그들의 분명한 갈망으로 시를 쓰는 사람만이 될 수 있다는 것, 모든 것이 흘러가면 과거의 마지막 흔적도 함께 휩쓸려간다는 것을 말이다. 그를 보호하기 위해 내밀지 않았던 손은 이 노시인을 쫓아냈다. 그의 추방에 대해 저항하지 않았던 과거의 독자들은 그의 시구들이 더 이상 쓰이지 않도록 만들었던 것이다. 몸베르트가 이 비극적인 편지를 썼을 때 그는 더 이상 독일 시인이 아니었다. 위의 무역자문위원이 구조 단체에서 낡은 겨울 외투를 얻었을 때 더 이상 무역자문위원이 아니었던 것과 마찬가지로 말이다. 이런저런 사람이기 위해 우리는 사회의 동의가 필요하다. 그러나 우리가 한때 유지하고 있던 것을 사회가 철회하면 우리는 결코 그것을 유지할 수 없다. 귀르의 바라크에서 몸베르트는 독일 시인이 아니었다. 그래서 그를 끌고 갔을 때 사람들은 너 이상 글을 쓰지 않는 손을 원했다. 그는 과거 없이 죽었고, 우리는 그가 그것을 알지 못했기 때문에 얼마간은 평화롭게 죽었기를 바랄 뿐이다.

모든 것은 엄청난 폭우처럼 떠내려간다는 사실을 제3제국에서 살아남아 자신에 대해 생각할 시간을 가졌던 사람들은 뼈저리게 경험했다. 늦어도 자신들이 나이가 들었다는 것을 처음으로 느꼈던 날에는 그것을 이해했다. 망명 중에는 제대로 늙지 못한

다. 왜냐하면 사람은 고향이 필요하기 때문이다. 얼마나 많이? 그
것은 물론 진정한 질문은 아니고, 그것의 적합성에 대해 논란이
있을 수도 있는 제목상의 표현일 뿐이다. 사람들이 고향에서 무
엇을 필요로 하는지는 양적으로 표현되지 않는다. 그러나 고향이
의미를 잃어가는 오늘날, 우리는 단순히 수사적인 이 질문에 답
하기 위해 다음과 같이 말하려 한다. 사람은 많은 고향을 필요로
한다고. 어쨌거나 전 세계로 휴가를 떠나는 것이 자랑거리가 되
는 정착민들의 세계가 꿈꾸는 것보다 훨씬 더 많이 필요로 한다.
우리는 사고의 영역을 넘어 감상의 영역으로 나아가려는 당당하
지 못한 감정의 고조에 저항해야 한다. 니체는 도시 쪽으로 날아
가는 까마귀의 울음소리와 펄럭이는 날갯짓과 함께 고독한 사람
을 위협하는 겨울의 눈과 함께 있다. 그는 "고향을 갖지 못한 자
는 슬프도다."라고 읊었다.[20] 나는 흥분한 것처럼 보이고 싶지는
않고 그런 서정적인 분위기를 몰아내려 한다. 남는 것은 지극히
냉철한 주장이다. 고향이 없다는 것은 좋지 않다는……

---

20 니체의 〈고독Vereinsamt〉이란 시의 일부이다.

Ressentiments

원
한

여름이면 꽃들이 만발한 그 나라로 여행하는 일이
종종 있다. 거대한 도시 주거지의 모범적인 정결함, 전원적인 소
도시와 마을, 신뢰해도 좋을 만큼 성실하게 이루어지는 수공업,
어디서나 볼 수 있는 전 세계적인 현대성과 꿈같은 역사의식의
인상적인 결합, 그곳에서 구입할 수 있는 상품의 질에 대해서는
새삼 거론할 필요가 없다. 이 모든 것은 오래전부터 누구나 인정
하는 사실이 되었고, 세상은 그것에 감탄했다. 이렇게 잠깐 암시
하면서 이 부분을 지나쳐 넘어가도 좋으리라. 또 거리에 오가는
사람들이 그렇게 잘 사는 것, 내가 항상 바라온 대로 그들과 세
상의 모든 사람이 잘 지내는 것은 통계에서도 입증되었고, 이전
부터 표본으로 간주되었다. 내가 할 수 있는 말은 고속도로, 기
차, 호텔 로비에서 만나는 매우 정중한 사람들과 많은 이야기를
나눌 수는 없었고, 그래서 나는 공공연한 도시성이 얼마나 넓고
깊이 진행되었는지에 대해서 판단할 수 없다는 것이 고작이다.

이따금 나는 지식인들과 관계를 가진다. 그들의 행실은 더 없이 바르고, 더없이 겸손하고, 관대하다. 더 현대적이기를 기대하기도 어려워 내 세대에 속하는 얼마나 많은 사람이 과거에 막스 블룽크[1]와 프리드리히 그리제[2]에게 맹세했던 것을 생각하면 매번 꿈처럼 느껴지는데, 테오도어 아도르노[3]나 솔 벨로[4] 혹은 나탈리 사로트에 대한 대화에서는 그같은 흔적이란 찾아볼 수 없기 때문이다.

내가 때때로 여행하는 이 나라는 경제적 호황뿐 아니라 안정적인 민주주의와 정치적인 중용의 모범적인 사례를 전 세계에 보여준다. 그 나라는 부자연스럽게 분단되어 다른 나라의 지배 아래 고통받는 자기네 민족공동체의 일부와 재통일을 요구하고 있다. 그러나 그 나라는 이 문제와 관련하여 오래전부터 입증된

---

1 Max Blunck(1887~1957). 독일 민족사회주의 정치가 · 변호사. 1933년 히틀러의 획일화 정책의 일환으로 2만 8천 명의 회원을 가진 학생단체KSCV의 지도자로 선출되었다. 제2차 세계대전 후 함부르크에서 다시 변호사로 활동했다.
2 Friedrich Griese(1890~1975). 독일의 소설가. 고향을 주제로 한 작품들로 나치 시대에 존경을 받았으며, 그의 문학은 제3제국의 이른바 '피와 토지Blut und Boden'의 문학으로 분류된다.
3 Theodor Adorno(1903~1969). 독일의 철학자이자 사회학자. 막스 호르크하이머Max Horkheimer와 함께 프랑크푸르트학파 제1세대를 대표한다.
4 Saul Bellow(1915~2005): 미국의 소설가. 《훔볼트의 선물》(1975)로 노벨문학상을 받았다.

것처럼 신중하게 행동하고, 이 나라의 행복한 국민은 민족주의 선동자나 연설가들에 대해서는 더 이상 귀를 기울이지 않는다.

이처럼 평화롭고, 아름답고, 성실하고, 현대적인 사람들이 살고 있는 나라에서 나는 편하지 않다. 왜냐고? 나는 그것을 이미 밝힌 바 있다. 나는 협정에 따라 나치 희생자라고 불리는 다행히도 서서히 사라져가는 사람들의 무리에 속한다. 내가 여기서 말하는 민족은 나의 반동적인 원한에 대해 부분적으로밖에 이해하지 못할 것이다. 나 스스로도 이 분노를 완전히 이해하지 못했고, 아직도 이해할 수 없다. 그래서 나는 이글을 통해 그것이 분명해지기를 원한다. 독자들은 그 점에서 이 책을 손에서 놓고 싶은 욕구를 여러 차례 느낄지도 모르지만, 앞에 놓인 시간 동안 나를 따라온다면 나는 독자들에게 감사할 것이다.

나는 희생자의 신분으로 말하고 나의 원한을 연구하려 한다. 그것은 그 나라를 위해서도 나를 위해서도 유쾌한 일은 아니어서, 유감스럽게도 여기서 저지르게 될 무례함에 대해 글을 시작하기 전에 미리 사과를 해두는 편이 좋을지도 모르겠다. 예의를 갖춘다는 것은 훌륭하고 중요한 일이다. 단순히 외형적이고 일상적인 태도의 습득된 예의든, 마음으로의 예의나 정신적인 예의든 마찬가지로 말이다. 그러나 예의가 얼마나 중요하든지 간에 우리가 함께하고 있는 과격한 분석에는 도움이 되지 않고, 그래서 나는 나쁜 인상을 줄지도 모를 위험을 무릅쓰고 예의를 생략할 것이다. 우리 희생자 가운데 많은 사람은 예절 감각 전부를 잃어버렸다. 이주, 저항, 감옥, 고문, 집단 수용소 구금. 그것이 예의를 버린 것에 대한 변명은 되지 않고, 그래서도 안 된다. 하지만 인과적인 설명으로서는 충분하다. 투박하게, 그러나 솔직하고자 하는 나의 노력과 이 주제가 내게 요구하는 저 작가적인 방식으로 시작해 보자.

이 문제를 정치적 논쟁으로 몰고 가면 나의 과제는 더 쉬워질 것이다. 그러면 나는 로베르트 켐프너 Robert Kempner, 제럴드 라이틀링어 Gerald Reitlinger, 아렌트의 책을 근거로, 더 이상 정신적인 노력을 쏟지 않고도 상당히 명백한 결론에 손쉽게 이를 수 있을 것이다. 그러나 원한은 희생자들 속에 여전히 살아 있는데, 서독의 공적 현장에서는 가해자나 다름없던 인물들이 여전히 활개를 치고 있기 때문이다. 또한 무거운 전쟁 범죄에 대한 시효가 연장되었음에도 불구하고 범죄자들은 명예롭게 나이를 먹고, 당당히 우리보다 오래 살아남을 가능성을 얻고, 그들의 위대한 시절의 활동이 그것을 보장해 주기 때문이다. 그러나 그 같은 논쟁으로 무엇을 얻었나? 얻은 것은 아무것도 없는 것이나 마찬가지이다. 정의의 문제는 명예로운 독일인들에 의해 우리의 이름으로, 우리가 직접 하는 것보다 더 훌륭하게, 더 합리적으로 행해진다. 그러나 역사적인 개별 사건에서 가설적인 정의는 내게는 전혀 중요하지 않다. 내게 중요한 것은 희생에 관한 주관적인 이해를 기술하는 것이다. 내가 기여할 수 있는 것은 자기관찰에서 얻어진 원한에 대한 분석이다. 내가 나에게 부과한 것은 윤리학자나 심리학자들에 의해 똑같이 혹평을 받은 바 있는 정신 상태에 대한 정당화이다. 그것은 윤리학자가 보기에는 하나의 결함이고, 심리학자에게는 일종의 질병이다. 나는 그것에 대한 내 심정을 고백하고, 사회적인 결함과 질병을 내 인격의 통합적인 부분으로 받아들인 다음, 그것을 정당화해야 한다. 그것은 감사할 줄 모르는 고백 작업이고, 게다가 내 독자들에게 익숙하지 않은 인내를 시험하게 만들 것이다.

나 같은 사람의 실존적 우성인자인 원한은 개인적이면서도 역사적으로 오랫동안 진행된 결과이다. 그것은 내가 마지막 집단 수용소였던 베르겐-벨젠에서 브뤼셀로 귀향했던 시절에는 (그러나 그곳은 원래의 고향이 아니었다) 그다지 분명하게 드러나지 않았다. 우리 저항군들은 문헌 보관소에 간직되어 있는, 1945년 4월과 5월에 찍은 사진들에서 드러나는 것처럼 대략 다음과 같이 보였다. 미국식 콘비프 통조림으로 연명하고 빡빡 민 머리와 이빨 빠진 유령 같은 모습, 아직 사용할 수 있는 증명서를 재빨리 고쳐서 그들이 원래 속했던 것을 버릴 수 있는 해골 같은 모습 말이다. 그러나 "정치 수감자들에게 영광을 Gloire aux Prisonniers Politiques!"이라고 적힌 거리에 내걸린 현수막을 믿어도 되었다면 우리는 '영웅'이었다. 하지만 그 현수막은 금세 말라버렸고, 처음 며칠 동안 미국산 담배에 적응해야 했던 아리따운 사회복지사들과 적십자 간호사들은 수고로 지쳐버렸다. 내가 전혀 들어보지 못했던 사회윤리적 입장을 내세우며 나를 적잖이 감동시킨 시간은 상당히 오래 지속되었다. 나는 과거에 나의 모습, 다시 말해 살아남은 저항군, 유대인, 여러 민족에게 증오를 받은 정부가 쫓던 추적자의 모습으로 세상과의 쌍방적인 동의 속에 있었다. 언젠가 어두운 세력들이 카프카의 《변신 Die Verwandlung》 (1916)의 주인공에게 했던 것처럼, 나를 괴롭히고 해충으로 만들었던 자들은 승전국의 수용소에서 혐오의 대상이 되었다. 단지 민족사회주의만이 아니라 **독일**이라는 나라 자체가 우리 눈앞에서 증오에서 경멸로 바뀌어가는 전반적인 감정의 대상이었다. 우리가 당시에 말했던 것처럼, 이 나라가 다시는 "세계의 평화를 위협하지" 않기를, 독일이 살아남기를 원한다면, 더 이상 그래서는 안 된다. 유럽의 감자밭에서 자신의 부지런함으로 유럽 대륙에 기여하기를. 그러나 그 이외의 것은 안 된다. 사람들은 독일인들의 집단적 죄에 대해 많은 말을 했다. 내가 여기서 꾸밈없이 고백한다면 그것은 순전히 진실의 왜곡이고, 내게는 정말로 그랬다. 나는 그 참혹한 범행을 집단적인 것으로 경험했다. 나는 하켄크로이츠 배지를 달고 갈색 유니폼을 입은 나치 직무 담당자들보다 단순한 회녹색 군복을 입은 사병들이 더 두려웠다. 우리를 호송하는 열차의 가축운반용 칸에서 시체들을 끌어내 층층이 쌓아 올리던 작은 플랫폼, 거기 서 있던 독일 주민들의 굳어진 얼굴 중 어느 하나에서도 동정의 흔적이라곤 읽을 수 없었던 기억을 나는 떨칠 수 없다. 집단적인 범죄와 집단적인 속죄는 균형을 맞출 수 있었고, 세계윤리와도 균형을 맞출 수 있었다. 패배한 자는 애통할지어다 Vae victis castigatisque.

어떤 동기도, 그 어떤 가능성도 원한을 만들기 위해 존재하지는 않는다. 집단적 죄라는 짐을 진 민족에 보내는 동정에 대해 나는 아무 말도 듣고 싶지 않았지만, 한때 열성적인 퀘이커교도와 함께 빈곤 상태에 빠진 독일로 보내질 중고품 어린이 옷가지를 무심하게 트럭에 실은 적이 있다. 그 시간에 이미 용서와 화해의 열정으로 바쁘게 움직이던 빅터 골란츠[5]나 마르틴 부버[6]와 같은 유대인들은 내게 불쾌감을 주었고, 이른바 재교육자 혹은 독일의 교사Praeceptores Germaniae 역할을 하기 위해 미국 · 영국 · 프랑스에서 동독이든 서독이든 서둘러 독일로 돌아온 다른 사람들도 불쾌감을 주기는 마찬가지였다. 나는 난생처음으로 주변에서 들리는 공개적인 견해와 의견의 일치를 보았다. 전혀 익숙하지 않은 순응주의자의 역할 속에서 나는 평화로웠다. 감자밭이자 폐허가 된 독일은 내게는 몰락한 세계의 일부였다. 나는 그들

---

5 Victor Gollancz(1893~1967). 유대인 출신의 영국 출판인, 인권 투쟁가. 제2차 세계대전 후 동유럽에서 일어난 독일인 추방 움직임과 패전 독일에 대한 연합군의 잔인한 처리 방식에 비판을 제기했다. 1946년 'Save Europa Now'라는 구조 단체를 조직해 패전한 독일인을 도왔으며, 그 후로도 핵무기와 사형제도 폐지론을 펼쳤다.

6 Martin Buber(1878~1965). 오스트리아 출신의 유대인 종교철학자. 1924년부터 프랑크푸르트 대학에서 종교학과 윤리학을 가르치다가 나치가 정권을 잡자, 1938년 이스라엘로 건너가 1951년까지 예루살렘의 히브리 대학에서 인류학과 사회학을 가르쳤다.

의 언어인 동시에 나의 언어로 말하는 것을 피했고, 로만어식으로 들리는 가명을 택했다. 정치적 세계의 시계가 몇 시를 울리는지 나는 물론 알지 못했다. 내가 나 스스로를 어제 나를 박해한 사람들을 이겨낸 자로 상상하고 있는 동안, 진짜 승리자는 이미 저 밑에 있는 사람들을 위한 계획을 세웠고, 그 계획은 감자밭과는 아무런, 전혀 아무런 관련도 없었다. 내가 겪은 운명 덕택에 마침내 세상의 견해를 만회했다고 상상했을 때, 세상의 판단은 이미 스스로를 넘어서고 있었다. 나는 시대의 현실 한가운데서 착각을 했고, 환상 속으로 내팽개쳐졌다.

1948년 나는 처음으로 독일을 관통하는 열차를 타고 가다 멈칫했다. 미 점령군의 신문이 내 손에 쥐어졌는데, 나는 거기에 실린 한 독자의 편지를 훑어보았다. 거기에는 'GI's'라는 주소 밑에 익명으로 다음과 같이 적혀 있었다. "너희들은 다만 우리나라에서 배를 불리지 마라. 독일은 다시 크고 강대해질 것이다. 너희 사기꾼들이여, 배낭의 끈을 매어라." 분명 부분적으로는 괴벨스에게서, 부분적으로는 아이헨도르프에게서 영감을 받은 이 투고자는 당시의 나와 마찬가지로 독일이 실제로 엄청난 힘의 부활을 이루게 될 줄을, 게다가 대서양 서쪽의 카키색 미군에 대적해서가 아니라 그들과 공조해 그것을 누리게 될 줄 스스로도 알지 못했을 것이다. 나는 그 같은 투고자가 있다는 사실 자체에 놀랐고, 오랫동안 들을 줄 알았던 통회痛悔와는 다른 독일의 목소리를 들었기 때문에 흠칫했다. 그 후 여러 해 동안 통회에 대해서는 점점 더 말이 없었다. 파리아_{Paria}**7** 독일은 유럽 민족의 공동체 속에 다시 받아들여졌고, 그런 다음 사람들은 그 나라의 비위를 맞추고, 마침내 권력 게임에서, 모든 감정에서 풀려나 그 나라와 자유롭게 타협했다.

암묵적으로는 그 누구에게도 그 같은 상황에서, 다시 말해 유례없는 경제적 · 산업적 부흥과 군사적 비상사태에서 스스로 머리채를 움켜잡고 가슴을 치기를 요구할 수는 없다. 레닌그라드와 스탈린그라드 앞에서 겨울을 견뎌냈어야 했을 뿐 아니라, 도시의 폭격을 경험했고, 뉘른베르크 재판뿐 아니라 국토의 분단 때문에도 스스로를 철저히 희생 민족으로 이해한 독일인들이 자기들의 방식으로 제3제국의 과거를 극복하는 것 이상을 원치 않았던 것은 너무도 자명하다. 나아가 독일인들이 그들의 공산품들로 세계시장을 정복하고 국내에서는 과거 극복의 문제와 타협하는 것이 우리의 (아마도 나는 겸손하게 단지 '나의'라고 말해야 할 것이다) 원한을 심화시켰다.

나는 증인이다. 극히 소수만이 저항운동에 관여했던 독일 정치가들이 얼마나 서둘러, 얼마나 열광적으로 유럽에로의 편입을 추구했는지에 대해서 말이다. 그들은 새로운 유럽을 히틀러가 1940년부터 1944년 사이에 자기식으로 도입하려 했던 유럽의 개편과 힘들이지 않고 연결시켰다. 그것은 다시금 유대인을

---

7 인도의 최하층 계급으로 사회에서 배척당한 천민 계급을 말한다.

향한 원한의 좋은 토양이 되었고, 독일 소도시에서 유대인 공원 묘지와 저항군 기념비가 훼손당하는 것은 한두 번이 아니었다. 내가 1958년 한 호텔에서 아침 식사를 하면서 남독일 출신의 어떤 상인과 나누었던 대화는 많은 것을 암시한다. 그 남자는 내가 이스라엘 사람인지 아닌지 사전에 정중히 정보를 얻고는 자기네 나라에는 더 이상 인종적 반감이 없다는 것을 내게 확신시키려고 애를 썼다. 독일인들은 유대인에게 아무런 원한도 품지 않는다는 것이었다. 그는 그 증거로 정부의 관대한 배상정책에 대해 언급했는데, 그것은 신생국가 이스라엘도 충분히 인정한다는 것이었다. 나는 그 남자 앞에서 비참함을 느꼈는데, 그 남자의 태도는 자기가 받을 파운드만큼의 살점을 요구하는 샤일록과 비슷한 것이었다. 승리한 자는 애통할지어다ᵥₐₑ Vae Victoribus! 1945년의 승리가 적어도 일정 부분은 우리의 몫이라고 믿고 있던 우리에게 그 승리를 되돌려 주기를 요구하는 것이다. 독일인들은 저항군들과 유대인에게 더 이상 원한을 품지 않는다고. 그런 사람들에게 어떻게 속죄를 요구할 수 있을까? 가브리엘 마르셀[8]과 같은 유대인들은 자신의 동료인 동시대인들을 진정시키기 위해 동분서주했다. 단지 아주 완고하고, 도덕적으로 비난받을 만하고, 역사적으로 이미 혹평을 받은, 원한을 가진 사람은 과거에 집착

---

8 Gabriel Marcel(1889~1973). 프랑스의 철학자. 기독교적 실존주의의 대표자 중 한 사람이다.

하지만, 그 과거란 독일 역사의 업무 재해일 뿐, 독일 국민은 그것의 범위와 깊이에 아무런 관련성도 갖지 않는다는 것이다.

그러나 나는 불행히도 그것에 대해 원한을 품은, 동의하지 않는 소수에 속했다. 나는 독일과 12년간의 히틀러를 고집스럽게도 마음속에 품고 있었고, 새로운 유럽의 산업화된 전원 풍경 속으로, 서양의 장엄한 홀 안으로 그것을 가지고 들어왔다. 과거 수용소 시절 점호 시간에 불량한 태도로 남의 눈에 띄었던 것처럼, 나는 화해를 꿈꾸는 어제의 전우와 동병상련하는 동료들, 관용으로 돌아선 반대자들의 눈에 '띄었다'. 나는 원한을 품었다. 원한을 떨칠 수 없기 때문에, 그리고 떨치고 싶지 않기 때문에 나는 그것과 함께 살아야 하고 원한을 반대하는 사람들에게 그것을 설명하는 데 사로잡혔다.

일반적으로 원한에 관해서는 니체가 《도덕의 계보Zur Genealogieder Moral》(1887)에서 여전히 유효한 발언을 한 것으로 알려져 있다. "…… 원한은 원래의 반응, 행동에 대한 반응이 좌절될 때 상상적인 복수를 통해 스스로를 무해하다고 여기는 속성을 지닌다. …… 원한을 가진 사람은 솔직하지도, 순진하지도, 자신에게 성실하지도, 직선적이지도 않다. 그의 영혼은 곁눈질을 한다. 그의 정신은 은닉처와 뒷문을 좋아한다. 모든 숨겨진 것은 원한을 자신의 세계로, 자신의 안전과 청량제로 느낀다……." 비인간Unmensch과 초인Übermensch의 합명제를 꿈꾸었던 니체는 그렇게 말했다. 비인간과 하급인간Untermensch의 통일체였던 증인들이 그에게 대답할 것이다. 니체 자신이 몇 가지 현대적 인간학을 예감하며 말했던 것처럼, 즐거운 축제 가운데 잔인함을 행하는 인간으로, 희생자의 형상을 하고 나타나서 말이다.

그러면 나 역시 무제한적인 정신의 힘으로 그것에 반대하는 말을 하려고 시도하는가? 나는 불신에 차서 나 자신에게 청진기를 갖다 댄다. 내가 병에 걸렸을 수도 있다. 객관적인 학문은 냉정하게 우리 희생자들을 관찰함으로써 '집단 수용소 신드롬'이란 개념을 찾아냈다. 최근에 나온 '정치적 박해의 후유증'에 관한 책에 기록되어 있듯이, "우리 모두는 육체적으로뿐 아니라 심리적으로도 소진되었다." 인격을 구성하는 우리의 성격적 특징은 왜곡되었다. 신경질적인 불안감, 자아로의 적대적인 후퇴가 우리가 앓는 병의 증상이다. 우리는 말하자면 '휘어졌다.' 그 말은 고문을 당하는 동안 등 뒤에서 탈구된 채 매달린 팔에 대한 기억을 스쳐가게 한다. 그러나 그것은 우리의 휘어짐을 새롭게 정의할 기회를 주지는 않는다. 그것이야말로 인간적인 것의 보다 높은 차원이며, 도덕적으로나 역사적으로 건강한 올곧음이라고 말이다. 그래서 나는 원한에 대한 규정을 차단하기 위해 두 방향으로 경계를 그어야 할 것이다. 원한을 도덕적으로 저주했던 니체에 반대해서, 그리고 그것을 방해가 되는 갈등으로만 생각하는 현대 심리학에 반대해서 말이다.

이때 주의가 필요하다. 유혹적이고, 위로를 주는 자기연민은 미혹시킬 수 있기 때문이다. 그러나 나는 자기연민으로부터

나 자신을 지키는 것은 어렵지 않다고 생각한다. 우리 모두는 제 3제국의 감옥소와 수용소에서 자신의 무방비상태와 전적인 무력함에 눈물을 흘리기보다는 스스로를 경멸했기 때문이다. 우리 속에는 자기비난에 대한 유혹이 자기연민에 대한 면역과 마찬가지로 깊이 간직되어 있다. 우리는 눈물을 믿지 않는다.

원한이 반자연적일 뿐 아니라 논리적으로도 모순된다는 것을 생각해 보지 않은 것은 아니다. 그것은 파괴된 과거의 십자가에 우리 스스로를 못박는 것이다. 어처구니없게도 되돌릴 수 없는 것이 돌이켜지기를, 일어난 것이 일어나지 않은 것이기를 요구한다. 원한은 애초에 인간적 차원으로의 출구, 미래로의 출구를 막아버린다. 원한에 사로잡힌 사람의 시간 개념은 비틀어져 버렸다는 것, 어긋나 버렸다는 것을 나는 안다. 그것은 지나가 버린 것으로의 회귀와 일어났던 것의 지양이라는 두 가지 불가능한 것을 요구한다. 그것에 대해서는 나중에 더 말할 것이다. 어쨌거나 그 같은 이유에서 원한의 인간은 모두가 한목소리로 즐겁게 제기하는 평화의 합창에 화음을 맞출 수 없다. 뒤를 돌아보지 말고, 보다 나은 공동의 미래를 향해 앞을 바라보자는 합창에 말이다!

다가오는 것에 대한 신선하고 밝은 전망이 어제의 가해자들에게는 무척이나 쉬운 것이라면, 내게는 너무나 어렵게 느껴진다. 한때의 망명과 불법과 고문으로 더 이상 날지 못하게 된 나는 프랑스 출판인 앙드레 네어[9]가 우리 희생자들에게 제안한 윤리적 비상飛上에 함께할 수 없었다. 높이 비상하는 이 사람은 가해자들이 자신의 죄를 그렇게 하듯이, 우리 피해자들도 우리의 지나간 고통을 내면화하고 감정적인 금욕 속에서 받아들여야 한다고 말한다. 한 가지만 고백하자면 내게는 그것을 위한 욕구도 재주도 확신도 없다. 황소 채찍으로 훈육하듯, 적의 길과 나의 길을 나란히 가게 하는 병행론을 받아들이는 것은 내게는 불가능하다. 나는 내 가해자와 공범이 되기를 원치 않고, 오히려 그들이 자신을 부정하고 그 부정 속에서 내게 자신들을 맞출 것을 요구한다. 나는 내면화의 과정에서 그들과 나 사이에 놓여 있는 시체 더미를 치울 수 없고, 정반대로 역사적 실천의 해결되지 않은 갈등을 현실화함으로써, 더 분명히 말하면 그것의 해결을 통해야만 화해가 가능하다고 생각한다.

우리가 그 같은 생각을 간직하려면 스스로를 방어해야 한다. 내가 여기서 제기하는 것에 대해 사람들이 항의하리라는 사실을 나는 알고 있다. 그것이 아름다운 말이든 그렇지 않든, 어쨌거나 진전된 윤리에 의해 다행히도 극복된 야만적이고 원시적인 복수에 대한 갈망을 까다로운 말로 포장한다고 말이다. 이미 고백한 대로 원한을 품은 나는 사회가 보장한 자유를 가지고 내가

9 André Neher(1914~1988). 유대 철학자. 제2차 세계대전 후에 스트라스부르 대학에서 교수로 있다가 예루살렘으로 건너갔다. 제2차 세계대전의 비극과 홀로코스트에서 '신의 침묵'이란 주제에 몰두했다.

당한 고통을 보상받을 수 있다면, 내 편에서 그들에게 고통을 가하리라는 처절한 망상 속에서 살아왔다. 당시의 가학자를 저항하지 못하도록 만든 채 채찍으로 무장한 내 손에 넘겨줄 것을 요구하지는 않는다 하더라도, 적어도 형무소 안에 있는 그를 보는 비열한 보상이라도 말이다. 그렇게 함으로써 정말로 이탈되어 버린 나의 모순적인 시간 감각이 해소되기를 망상하는 것이다.

그처럼 단순화된 비난을 피하는 것은 쉽지 않고, 그런 의심을 무력화하는 것은 전적으로 불가능하다. 그렇게 함으로써 나는 사악한 충동에 사로잡힌 추한 현실을 증명되지 않은 주장들을 쏟아내는 언어의 홍수 속에 빠뜨린다. 위험을 감수해야 한다. 내가 나의 원한을 변호한다면, 내가 이 문제에 '사로잡혀 있다'는 것을 고백한다면, 나는 나 자신이 갈등을 둘러싼 **도덕적 진실**의 포로라는 사실을 안다. 가해자들과의 논쟁에서, 그들을 도왔던 사람들과의 논쟁에서, 그것에 대해 침묵했던 다른 사람들과의 논쟁에서 객관성을 요구하는 것은 내게는 논리적으로 무의미해 보인다. 범행은 범행이고, 그 어떤 객관적 성격도 갖지 않는다. 대량 학살, 고문, 모든 종류의 신체 훼손은 객관적으로는 공식화된 자연과학적 언어로 기술될 수 있는 물리적 사건의 연속 외에는 아무것도 아니다. 그것은 물리적인 사건 내부에 있는 사실이지, 도덕적인 체계 속에 있는 행위가 아니다. 민족사회주의의 범죄는 모든 것을 자신의 총통과 제국의 규범 체계에 넘겨준 범인들에게 도덕적인 성격을 부여하지 않는다. 자신의 행위를 양심과 연결하지 않은 범행자는 그 범행을 자기의지의 객관화로 알 뿐, 도덕적인 사건으로 보는 것은 아니다. 독일 상관들에 의해 고무된 플랑드르의 친위대원 와지스는 내가 빨리 삽질을 하지 못하면 삽으로 내 머리를 내려쳤는데, 그는 도구를 자기 손의 연장으로, 구타를 자신의 심리적 동력의 파동으로 느끼는 듯했다. 나 자신은 머릿속에서 윙윙거리는 채찍질의 도덕적 진실을 알았고, 오늘날에도 여전히 알고 있으며, 그래서 가해자일 뿐 아니라 존속만을 생각하는 사회보다 높은 수준으로 판단할 권한을 가진다. 사회성이란 오로지 사회의 안정만을 염려할 뿐, 훼손된 삶에 대해서는 돌보지 않는다. 그것은 앞을 바라보고, 최적의 경우에는 같은 일이 다시 일어나지 않도록 하기 위해 존재한다. 그러나 나의 원한은 범죄가 범죄자에게 도덕적 현실이 되도록 하기 위해, 그가 자신이 저지른 범행의 진실과 대면하도록 하기 위해 존재한다.

안트베르펜 출신의 친위대원 바이스는 여러 명의 수감자를 죽였고, 무엇보다 고문을 일삼았던 담당자로, 후에 목숨으로 그 대가를 치렀다. 나의 사악한 복수욕은 아직도 얼마나 더 많은 것을 요구하는가? 그러나 내가 제대로 조사했다면 복수가 중요한 것이 아니고, 속죄가 중요한 것도 아니다. 박해의 체험은 최종적인 근저에서는 극단적인 고독의 체험이다. 당시에는 영원히 계속될 것 같던 내버려진 상태에서의 구원이 내게는 중요하다. 자신을 처형하는 총알 앞에 섰을 때 친위대원 바이스는 자신이 저지른 범행의 도덕적 진리를 경험했을 터이다. 그는 그 순간 나와 **함께** 있었고, 나는 삽자루와 함께 혼자가 아니었다. 그는 자신의 처형 순간에 나와 꼭 마찬가지로 시간을 되돌려놓고 싶어 했고, 그 사건들을 일어나지 않은 것으로 만들고 싶어 했을 것이라고 나는 믿는다. 사람들이 그를 처형장으로 데려갔을 때, 그는 반인 간Gegen-Mensch에서 다시 이웃Mitmensch이 되었다. 그 모든 것이 오로지 친위대원 바이스와 나 사이에서 일어났다면, 그리고 친위대원, 친위대 조력자, 공직자, 카포, 훈장으로 장식한 장군들의 역삼각형이 내 위에 놓여 있지 않았다면, 이 이웃의 죽은 머리와 함께 나 역시 침착하고 평화롭게 죽었을 것이라고 지금도 생각한다.

그러나 안트베르펜 출신의 바이스는 무수한 사람 중 하나에 불과했다. 그 역삼각형은 그 뾰족한 끝으로 여전히 나를 땅속으로 박아 넣고, 그래서 그것은 니체도, 1912년에 이 주제에 대해 글을 썼던 막스 셸러[10]도 예감할 수 없었던 특별한 종류의 원한을 만들어냈다. 화해에 대한 나의 거부감, 더 정확하게 말하면 나치 희생자들의 떠들썩한 화해의 제스처는 오로지 무감각증과 삶의 무관심이거나 억제된 **진짜** 복수욕의 마조히스트적인 변형에 불과하다는 확신을 낳은 것이다. 사회 속에서 자신의 개(인)성을 포기하고 스스로를 사회적인 것의 기능으로만 이해하는 사

---

10 Max Scheler(1874~1928). 독일의 철학자 · 사회학자.

람, 다시 말해 둔감한 사람이거나 무관심한 사람은 일어난 일을 그대로 내버려 둘 수 있고, 실제로 용서할 수도 있다. 그는 흔히 말하는 것처럼 시간이 상처를 치유하게 한다. 그의 시간 감각은 자리를 바꿔 생물학적이고 사회적인 영역에서 도덕적인 영역으로 옮아가지 못했다. 탈개인화된 사람, 사회 메커니즘의 교환 가능한 일부인 그 사람은 사회와의 동의 속에서 살아가고, 마치 프랑스 변호사 모리스 가르송[11]이 소멸시효논쟁의 맥락에서 범죄에 대한 사회적 반응에 대해 기술했던 것과 마찬가지로 마치 용서하는 것처럼 행동한다. 가르송은 우리에게 "아이들은 과거에 행한 규칙 위반으로 비난을 받으면, '그건 오래전에 지난 일이잖아요.'라고 대답한다. 이미 오래전에 지나간 일은 그에게는 자연스럽게 용서된 것처럼 보인다. 우리도 시간이 지나 멀리 떨어져서 소멸시효의 원칙을 바라본다. 범죄는 사회에 불안을 야기한다. 그러나 공공 의식이 범죄에 대한 기억을 상실하면 불안도 재빨리 사라진다. 시간이 한참 지나 범죄를 처벌하는 것은 의미가 없다."라고 말한다. 이것은 사회에 관한 한, 또는 자신을 도덕적으로 사회화하고 합의에 동의하는 개인에 관한 한 자명한 사실이다. 그러나 그것은 스스로를 도덕적으로 유일무이하다고 생각하는 사람에게는 아무런 의미도 갖지 않는다. 이렇게 해서 나는 교묘하게 내가 화해할 수 없다는 거북한 사실을 도덕과 도덕

---

11 Maurice Garçon(1889~1967). 프랑스의 작가 · 변호사 · 역사가.

성이라는 멋진 색깔을 칠하여 내놓았기를 바란다. 그러나 사람들이 그런 나를 비난하리라는 것은 의심의 여지가 없고, 그것에 대해서도 나는 대답해야 한다. 비희생자들의 압도적 다수는 나의 정당화를 인정하지 않을 것이라는 사실을 나는 곧바로 알았다고 말이다. 분명 무엇인가가 빗나갔다. 20년 동안 내가 겪은 일을 곰곰 생각한 후, 나는 사회적 압력에 의해 이루어진 용서와 망각은 부도덕하다는 것을 깨닫게 되었다. 나태하고 값싸게 용서하는 자는 사람들이 '자연적'이라고 부르는 사회적이고 생물학적 시간 감각에 굴복한다. 자연적인 시간 의식은 실제로 상처치유의 생리학적 과정에 뿌리를 두고, 사회적인 현실 이미지 속으로 들어간다. 그러나 그것은 바로 그 때문에 도덕의 바깥에 있을 뿐 아니라 **반**도덕적인 성향을 지닌다. 모든 자연적인 사건에 동의하지 않는 것, 다시 말해 시간의 생물학적 증대에 동의하지 않는다는 것을 밝히는 것이 인간의 권리이자 우선권이다. 일어난 것은 일어난 것이다. 이 문장은 도덕과 정신에는 적대적인 동시에 진실이다. 윤리적 저항력은 도덕적인 한 합리적인 현실에 대한 반란과 시위를 포함한다. 윤리적 인간은 시간의 지양을 요구한다. 특히 여기서 이야기되는 경우라면 범죄자들에게 자신의 범행에 대해 분명히 지적하는 것을 통해서 말이다. 이것을 통해 지나간 도덕적 시간을 되돌려 놓음으로써 그는 희생자 옆에 이웃으로 설 수 있다. 내가 여기서 제기한 주장이 범행에 가담하지 않은 집단에 속하는 누군가를 설득했다고는, 다시 말해 비희생자로서 훼손당하지 않은 사람들의 무리에 속하는 누군가를 설득했다고는 생각할 수 없다. 그러나 나는 설득할 의도로 말한 것은 결코 아니며, 무게가 얼마나 나가든 간에 내 말을 저울에 한번 달아보고자 할 뿐이다. 사람들은 그 무게를 얼마나 높이 평가하는지! 그것은 부분적으로는 내가 꼭 밝혀 보려는 원한이 적어도 그 대상을 능가하지 않도록 통제할 능력이 내게 있는지에 달려 있을 것이다. 그것의 작용 범위를 제한하려 한다면 내가 암시적으로 집단적 죄라고 불렀던 것으로 다시 한번 되돌아가야 한다. 이 말은 감동을 주지는 않는데, 오늘 처음이 아니라 이미 1946년부터 그래왔다. 사람들은 독일인이 유럽 전체를 위한 자신들의 역할을 다하기를 원했기 때문에 그들을 괴롭혀서는 안 되었다. 사람들은 덮어두었다. 사람들은 겉보기와는 달리 그렇게 사려 깊지 못한 단어의 사용을 부끄럽게 여겼다. 쉬울 것 같지는 않지만, 나는 충분히 정의하고 난 다음에는 모든 위험을 무릅쓰고라도 그것에 매달릴 것이다.

집단적 죄, 그것은 독일인 공동체가 공동의 의식, 공동의 의지, 공동의 행동 주체성을 지니고 있었고, 그 점에서 유죄를 의미하는 한 명백한 난센스이다. 그러나 사람들이 이 말을 객관적으로 명백한 개인적인 죄의 **총체**|Summe|라고 이해한다면 사용할 만한 가설이다. 그렇다면 이 죄는 모든 개개 독일인들의 죄(행동한 죄, 태만한 죄, 말한 죄, 침묵한 죄)가 곧 한 민족의 전체 죄가 되는 것이다. 집단적 죄라는 개념은 그 적용에 앞서 탈신화화 되

고, 탈신비화 될 수 있다. 그래서 그것은 어둡고 운명적인 울림을 상실하고, 혼자 뭔가를 위해 유용한 것, 모호한 통계적인 진술이 된다.

나는 모호한 통계적인 진술이라고 말한다. 왜냐하면 그것은 자세하게 제시되지 않고, 얼마나 많은 독일인이 민족사회주의의 범죄를 인식하고, 동의했으며, 스스로 저질렀는지 또는 무력한 반감 속에서 그들의 이름으로 일어나게 내버려 두었는지에 대해 아무도 확인할 길이 없기 때문이다. 그러나 우리 희생자들은 각자가 자신의 경험, 비록 대략적이거나 숫자상으로 표현할 수 없지만 통계적인 경험을 했다. 우리는 독일이 점령한 외국에서, 독일 내에서, 공장에서 노동을 하면서 혹은 형무소나 수용소에 갇혀서, 독일 민족의 한가운데서 결정적인 시간을 살았기 때문이다. 그래서 나는 정부의 범죄를 민족의 집단적 행위로 의식했다고 말할 수 있었고, 지금도 할 수 있다. 제3제국 치하에서 제3제국 밖으로 빠져나온 사람들은 침묵하든, 친위대의 명령 지시자인 라카스를 향한 음험한 눈길을 통해서든, 수치심을 나타내듯 눈을 내리깔든, 그들은 나의 숫자 없는 통계에서 구제받을 만한 무게를 보여주기에는 충분치 않았다.

나는 그 어떤 것도 잊지 않았고, 내가 만났던 몇몇 용감한 사람도 잊지 않았다. 그들은 나와 함께 있다. 단치히 출신의 상이군인 헤르베르트 카르프, 그는 아우슈비츠-모노비츠에서 자신의 마지막 담배를 내게 나누어 주었다. 에센 출신의 노동자 빌리 슈나이더는 지금은 잊어버린 내 이름을 부르며 빵을 나누어 주었으며, 화학 마이스터인 마테우스는 1944년 6월 6일 고통스러운 한숨을 내쉬며 내게 말했다. "마침내 그들이 도착했어. 승리할 때까지 우리가 버틸 수 있을까?" 내 주변에는 선량한 동료가 많았다. 그중에는 브렌동크에서 고문당한 후에 내 감방의 창살 사이로 불을 붙인 담배를 넣어주던 뮌헨 출신의 국방군도 있다. 거기에는 의협심 있는 발틱 출신의 엔지니어 아이스너, 이름을 잊어버린 그라츠 출신의 기술자는 부헨발트-도라의 케이블 작업반에서 함몰 직전의 나를 구해 주었다. 나는 종종 그들의 운명을 생각하면, 아마도, 아마도 우호적이지 않았을 그들의 운명을 생각하면 슬퍼진다.

그들이 홀로 내 앞에 있는 것이 아니라 국민 가운데 있을 때 그들의 비중이 너무 작다는 것은 선량한 동료들의 죄가 아니고, 나의 죄도 아니다. 한 독일 서정시인은 〈낡은 갈색altbraun〉이라는 제목의 시에서 갈색의 다수에 대한 악몽을 다음과 같이 썼다.

… und wenn einige gleichzeitig gegenüber vielen und allen in der Minderheit sind so sind sie dies gegenüber allen noch mehr als gegenüber vielen und alle bilden gegenüber einigen eine stärkere Mehrheit als gegenüber vielen ….

…… 그리고 몇 사람이 많은 사람에 대해, 동시에 모든 사람에

대해 소수라면 그들은 모든 사람에 대해 많은 사람에 대해서보다 더 소수이며 모두는 많은 사람에 대해서보다 몇 사람에 대해 더 강력한 다수를 이룬다……

나는 단지 몇몇 사람과 관계했고, 그들에 비해 내게 전부로 보였던 많은 사람이 압도적인 다수를 이루었다. 내가 기꺼이 구원하고 싶은 용감한 사람들은 무관심하며 음험하고 경멸스러운, 분노한, 늙고 뚱뚱한, 젊고 예쁜, 권위에 도취된 사람들의 무리 속에서 이미 익사해버렸다. 대부분의 사람들은 당시 우리 같은 사람들에게 거칠게 대하지 않으면 그것은 국가에 대한 범죄일 뿐 아니라 그들 자신의 자아에 대한 범죄라고 믿었다. 많은 사람은 친위대원이 아니라 노동자, 색인카드 운반자, 기술자, 타이피스트였고, 그들 중의 소수만이 당의 표식을 달고 있었다. 나에게 그들은 모두 다 합쳐서 독일인이었다. 그들 주변에서나 우리에게서 일어난 일을 그들은 정확히 알고 있었다. 그들은 우리와 마찬가지로 가까운 가스 처형실에서 나오는 타는 냄새를 맡았고, 전날 도착한 희생자들을 분류하는 선별작업대에서 가져온 옷들을 입고 있었기 때문이었다. 조립공인 용감한 노동자 파이퍼는 성실함으로 얻은 겨울 외투, 그가 말하는 '유대인 외투'를 입은 모습을 자랑스럽게 내게 보여주었다. 그들은 그 모든 것을 정말로 당연하다고 여겼고, 그것은 내게 놀라울 정도로 분명했다. 그들은 1943년 당시 투표소에서 히틀러와 그의 공범들에게 표를

던졌을 것이다. 노동자, 소시민, 학자. 바이에른 사람, 자를란트 사람, 작센 사람, 이들 사이에는 차이가 없었다. 원하든 원치 않든 희생자들은 히틀러가 곧 독일 민족이라는 것을 믿어야 했다. 나의 빌리 슈나이더, 헤르베르트 카르프, 마이스터 마테우스는 이런 국민의 물결에 저항해 일어날 수 있는 기회를 갖지 못했다.

그러나 사람들이 도덕 철학자를 믿는다면, 나는 정신에 대한 속죄할 수 없는 죄를 '수량화'하는 것처럼 보인다. 그들은 양이 중요한 것이 아니라 질적으로 규정한 상징과 상징 행위, 표지標識가 중요하다고 말한다. 이 얼마나 낡아빠진 타령인지! 그것이 오래되었다고 해서 존중할 가치가 있는 것은 아니다. 언제나 믿을 수 없는 수량화라는 비난으로 내 길을 차단하려는 사람에게 나는 일상생활에서나 법률적 · 정치적 · 경제적인 삶에서나 보다 높거나 최고로 높은 정신적 삶에서도 수량화하는 것이 아니고 무엇이냐고 질문을 제기하겠다. 100마르크를 가진 사람은 백만장자가 아니다. 구타당하는 동안 적의 살갗을 할퀸 사람은 그에게 심각한 상처를 준 것은 아니다. 독자들의 가치관에는《너는 오르플리트Orplid[12]구나, 나의 조국이여》는《전쟁과 평화》에 못 미칠 것이다. 민주주의적 국가원수는 수량에 대해 악성 종양을 진단하는 외과 의사나 오케스트라 작품의 초안을 만드는 음악가와 다른 관계를 갖지 않는다. 내가 독일 민족의 한가운데서

---

12 에두아르트 뫼리케Eduard Mörike의 작품에 나오는 환상의 나라.

매 순간 집단 제식인 학살의 희생자로 떨어질 수 있었을 때, 나는 한편으로는 훌륭한 동료의 수를, 다른 한편으로는 악당과 둔감한 사람들의 수를 찾아냈다. 원하든, 원치 않든 간에 나는 통계적이고 집단적인 죄라는 전제에서 출발해야 했고, 독일인들에게 집단적 무죄를 천명하는 시대와 세상에서 그것을 안다는 사실 때문에 중압감을 느껴야 했다.

집단적 죄로 부담을 느끼는 사람은 **나 자신**이지 그들이 아니라고 나는 말하겠다. 이미 용서하고 망각한 세상은 살인하거나 살인이 일어나도록 내버려둔 사람에게가 아니라 나에게 유죄판결을 내렸다. 나나 나와 같은 사람들은 도덕적으로 저주받아 마땅하거나 한 파운드의 살점을 위해 내팽개쳐진 샤일록들이다. 시간은 자기 일을 완수했다. 아주 조용히 파괴자의 세대, 가스 처형실 설계자, 각종 서류에 서명을 하고, 그들의 총통에게 복종하던 야전사령관은 존엄하게 늙어간다. 그러나 젊은이들을 비난하는 것은 너무 비인간적이고, 일반적인 이해에 따르면 반역사적이다. 새로운 독일의 민주주의라는 무풍지대에서 성장한 스무 살 난 대학생이 자기 아버지와 할아버지의 행위와 무슨 상관이 있겠는가? 오로지 구약 성서적이고 야만적인 증오가 그 짐을 지고 그것을 죄 없는 독일 젊은이의 어깨에 짊어지게 하는 것이다. 모든 젊은이가 그런 것은 아니지만 젊은이의 일부는 자연적인 시간관의 단단한 바탕 위에서 훌륭한 법의식을 가지고 저항한다. 한 독일 주간지에서 카셀 출신의 어느 젊은이의 편지를 읽었는데, 그는 모든 맥락에서 시대에 맞지 않는 증오와 원한에 사로잡힌 나쁜 사람들에 대해 독일의 새로운 세대가 가지는 불쾌감을 거침없이 표현했다. 내용은 다음과 같다. "…… 우리 아버지들이 600만 명의 유대인들을 죽였다는 말을 끝없이 반복해서 듣는 것은 유감스럽다. 미국인들은 폭탄투하로 얼마나 많은 무고한 여성과 아이들을 살해했는가. 영국인들은 보어전쟁에서 얼마나 많은 보어인들을 죽였는가?" 자기가 하는 일에 확신을 가진 사람의 도덕적인 신념과 함께 우리에게 항의가 날아온다. 우리는 그에게 "아우슈비츠-보어 수용소"란 등식은 잘못된 도덕적 셈법이라는 이의를 감히 제기하지 못한다. 세계는 원한에 찬 예언자 같은 우리를 향한 이 독일 젊은이의 분개를 이해하고, 당연히 미래의 시간에 속하는 그 젊은이의 편을 들었기 때문이다. 미래란 분명 하나의 가치 개념이다. 내일 이루어질 것은 어제 있었던 것보다 더 많은 가치를 지닌다. 자연적인 시간 감정도 그것을 원한다.

나이 든 세대가 내게 무슨 짓을 저질렀는지 너희가 아느냐고 독일 젊은이들에게 되물을까라는 생각에 대한 대답은 그렇게 쉽지 않다. 젊은이들이 개인적인 죄로부터 자유롭고, 개인적인 죄를 합산한 집단적인 죄로부터 자유롭다는 것은 명백하다. 나는 미래를 향해 살아가는 그들의 신뢰를 인정해야 한다. 기껏해야 이 젊은이들에게 앞에서 인용한 투고자처럼 자신의 무죄를 그렇게 강하고 대담하게 주장해서는 안 된다는 사실을 요구할 수 있을 뿐이다. 말하자면 젊은, 더 젊은 세대들을 포함하여 독일 민족이 전적으로 역사 없이 살기로 작정하지 않는 이상(세계에서 가장 깊은 역사의식을 가진 민족이 갑자기 그 같은 태도를 취하리라는 그 어떤 징후도 없다) 이 민족은 스스로 끝내지 못한 12년에 대해 책임을 져야 한다. 독일 청소년은 괴테나 뫼리케, 폰슈타인 남작에 의지할 수 없고, 블룽크, 빌헬름 셰퍼, 힐러를 배제할 수 없다. 민족의 전통이 명예가 되었던 곳에서 민족 전통을 자랑해서는 안 되고, 명예를 망각하면서 아무런 저항력 없는 가상의 적을 인류 공동체에서 배제했던 곳에서는 그 민족 전통을 부인해서는 안 된다. 독일적이라는 것이 마티아스 클라디우스의 후예라는 것을 말한다면, 그것은 나치당 소속 서정시인 헤르만 클라디우스를 조상의 대열에 끼워 넣을 수도 있다는 것을 말한다. 토마스 만은 에세이《독일과 독일인들Deutschland und die Deutschen》에서 다음과 같이 썼을 때, 이미 알고 있었다. "독일인으로 태어난 사람은 흰옷을 입은 선량하고 정의롭고 고상한 독일이라고 말하는 것이 불가능하다. …… 내가 당신들에게 독일에 대해 말한 것 중 그 어느 것도 낯설고, 차갑고, 무관한 지식에서 나온 것은 없다. 나 역시 그것을 내 속에 가지고 있고, 그 모든 것을 내 몸으로 경험한다."

내가 토마스 만의 이 구절을 인용한 에세이집은《현대의 작가들》의 학교용 교본이다. 나는 토마스 만의 에세이가 독일 학교에서 실제로 읽히는지, 그것이 교사들에 의해 어떻게 해석되는지 알지 못한다. 나는 오로지 토마스 만과의 연결이 독일 청소년들에게 지나치게 어렵지 않고, 다수의 젊은이들이 앞에서 인용한 투고자의 분노를 공유하지 않기만을 바랄 뿐이다. 반복하자면 히틀러와 그의 행위는 두말할 것도 없이 독일의 역사와 독일의 전통에 속한다.

희생자의 원한에 대해 계속해서 언급하다 보면 독일 역사와 역사성의 영역으로 다시 돌아가게 된다. 그러나 독일 역사의 객관적인 과제를 정의하는 것은 조심스럽다. 그것은 어쩌면 개인적으로 밝힐 사안이기도 하지만, 나의 원한, 나의 개인적인 저항은 자연적으로 성장해 가는, 도덕에 적대적인 시대에 반대하는 것이고, 그 속에서 시간의 역전이란 애초에 터무니없는 요구를 내세우는 것이다. 나는 그것이 역사적인 기능도 수행하기를 원한다. 원한이 내가 제기한 과제를 수행한다면, 그것은 역사적으로 세계의 도덕적 진보의 단계로 나아가지 못한 독일 혁명을 위한 것일 수도 있다. 그 요구는 역전될 수 없는 과정의 역전성에 대한 개인적인 요구만큼이나 부조리하고, 그에 못지않게 윤리적이다.

나의 생각을 밝히고 단순하게 하기 위해서는 이미 언급한 확신과 연결시켜야 한다. 그 확신이란 두 사람, 곧 피해자와 가해자가 자신들의 극단적인 대립 속에서도 공동의 과거를 극복하는 데 성공하려면, 희생자와 학살자 사이에 해소되지 않은 갈등을 드러내고 현실화해야 한다는 것이다. 드러내기와 현실화하기가 받은 고통에 비례하는 보복으로 이루어질 수 없다는 것은 분명하다. 증명할 수는 없지만, 그 어떤 희생자도 아우슈비츠 재판에서 나온 보크너란 사람을 보크너-교수대에 매달 생각을 하지

는 않을 것이다. 언젠가 유대인 가운데 생각이 멀쩡한 사람이 도
덕적인 사고 불능 상태에 빠져들어, 400만 명 내지 600만 명의
독일인이 강제로 삶에서 죽음으로 내몰릴 수 있을 것이다. 그 어
디에서도 응징이 이보다 더 역사적이고 도덕적인 이성을 갖추지
못한 곳은 없을 것이다. 보복이 중요한 것이 아니고, 다른 한편
으로는 신학적으로는 의미심장하지만 내게는 전혀 의미가 없는
죄가 중요한 것도 아니며, 역사적으로 생각할 수 없는 폭력 수단
을 통한 청산은 더더욱 중요하지 않다. 그렇다면 내가 역사적인
실천 영역에서 해결을 강조하는 것이 왜 중요한가?

한쪽 진영에 원한이 계속해서 남아 있고 그것을 통해 다른
진영의 사람들에게 자기불신을 일으킨다면, 오로지 우리 원한의
박차에 찔린 채 (주관적으로는 여전히 미심쩍지만, 객관적으로는 역
사에 적대적인 화해를 통해서가 아니라) 독일 민족은 자기 민족 역
사의 일부를 시간의 흐름에 맡겨 정상화해서는 안 되고, 그것을
있는 그대로 받아들여야 한다는 사실에 예민하게 반응해야 한다.
내가 제대로 기억한다면 아우슈비츠가 독일의 과거이자 현재이
며 미래라는 사실은 한스 마그누스 엔첸스베르거[13]가 한때 사용
했던 말이기도 하다. 그러나 유감스럽게도 이 작가가 중요하지는

---

[13] Hans Magnus Enzensberger(1929~). 독일의 작가 · 시인 · 출판인. 중요한
   정치적 사안마다 비판적 입장을 밝혀온 그의 글은 1960년대 학생운동에도
   큰 영향을 끼쳤다.

않다. 그 작가나 도덕적으로 비슷한 수준의 그의 동료들이 곧 민족은 아니기 때문이다. 그러나 우리가 원한을 품고 세상에 침묵한 채 손가락을 치켜들고 버틴다면, 독일은 미래의 자손들에게도 천박한 지배를 몰아낸 사람들이 독일인이 아니었다는 지식을 그대로 물려주게 될 것이다. 그렇다면 독일이 제3제국이란 과거에 동의하는 것은 전쟁과 죽음으로 시달렸던 세계에 대한 전면적인 부정일 뿐 아니라 자신의 보다 나은 전통에 대한 전면적인 부정이기도 하다는 사실을 이해하기를, 또한 다른 사람들에게는 정말이지 천년과도 같았던 12년을 더 이상 기억에서 지워버리거나 감추지 말고, 자신들의 세계에 일어난 일이자 자기부정으로, 자신의 부정적 자산으로 간직하기를 바라는 바이다. 내가 앞서 개인적 차원에서 가설적으로 기술했던 것이 역사적 영역에서 일어난다면, 두 집단의 사람들, 곧 지배한 자와 지배당한 자는 시간의 역전과 함께 역사의 도덕성을 소망하는 지점에서 서로 만나게 될 것이다. 독일인에 의해, 승리에 차고 시간에 의해 이미 명예 회복된 민족에 의해 그 같은 요구가 제기된다면, 그것은 엄청난 비중을, 그로써 이미 성취할 수 있을 만큼 충분한 비중을 지닐 것이다. 독일의 혁명이 회복되고, 히틀러는 제거될 것이다. 그러면 그 민족이 이전에는 그만한 힘이나 의지를 갖지 못했던 것, 그리고 이후에는 정치적인 권력 게임에 더 이상 필요하지 않는 것에 도달할 것이다. 그것은 수치의 소멸이다.

그것이 어떻게 실제로 현실화될 수 있는지는 모든 독일인이

스스로 그려볼 수 있을 것이다. 이 글을 쓰고 있는 나 자신은 독일인이 아니며, 그 민족에게 어떤 충고도 할 수 없다. 나는 기껏해야 어렴풋하게나마 민족공동체를 상상할 수 있다. 그 공동체란 자신들의 가장 깊은 굴욕의 날에 행했던 것과, 예컨대 고속도로처럼 무고하게 보이는 것들까지 비난하는 민족공동체이다. 토마스 만은 전적으로 문학적 관련성 속에서 이 같은 생각을 자신의 편지에 적은 바 있다. 그는 발터 폰 몰로[14]에게 "이것은 하나의 미신일 수 있지만, 내 눈에는 1933년에서 1945년 사이에 독일에서 인쇄되었던 책들은 가치가 없다는 말로는 부족하고 손에 들기에도 민망하다. 그 속에는 피와 수치의 냄새가 배어 있다. 그것은 모두 파기되어야 한다."라고 썼다. 독일 민족에 의한 정신적인 파기, 단순히 책들뿐 아니라 12년간 행해졌던 모든 것의 파기는 부정의 부정일 것이다. 그것은 높은 수준의 긍정적이고 구원적인 행위이다. 그것을 통해서만이 원한은 주관적으로는 위로받고, 객관적으로 쓸모없게 될 것이다.

나는 얼마나 허황된 도덕적 망상에 빠져 있는지! 내가 혹시 1945년 플랫폼에 쌓인 동료들의 시체 앞에서 우리의, 그들의 가해자를 노려보며 분노로 창백해진 독일 승객들의 얼굴을 보지는 않았는지⋯⋯. 나의 원한과 그로 인한 독일의 정화를 통해 시간이 역전된 것을 나는 본다. 한 독일 남성이 친위대원인 바이스에

---

14 Walter von Molo(1880~1958), 체코 모라비아 태생의 오스트리아 작가.

게서 구타 도구인 삽을 빼앗지 않았는지? 한 독일 여성이 고문 후에 의식이 마비되고 으깨져 버린 사람을 일으켜 세우고 상처를 치료해 주지는 않았는지? 고삐가 풀린 채 과거는 미래 속에서 역전되고, 이제는 정말로 영원히 극복된 과거를 보지는 않았는지!

독일 지식인들의 모든 존중할 만한 노력에도 불구하고 그같은 것은 결코 일어나지 않으리라는 것을 나는 안다. 그 지식인들 또한 결국은 뿌리가 없다는 다른 사람들의 비난을 받을 수도 있다. 모든 눈에 띄는 조짐은 자연적 시간이 우리 원한의 도덕적 요구를 거절하고, 결국은 소멸시키게 될 것임을 보여준다. 엄청난 혁명이라고? 독일은 혁명을 되찾지 못할 것이고, 우리의 원한은 결국은 눈을 감게 될 것이다. 히틀러의 제국은 계속해서 역사적인 업무 재해로 간주될 것이다. 그러나 그것은 피로 물들었던, 한때 극적이고 역사적인 시대보다 더 선하지도 더 악하지도 않은 단순한 역사가 될 것이며, 가족이 일상적인 삶을 살았던 제국이 될 것이다. 친위대 제복을 입은 증조할아버지의 사진은 훌륭한 모습으로 안방에 걸리게 될 것이고, 학교에서 아이들은 총체적인 실업을 어떻게 극복했는지에 대해 들을 뿐 선별작업대에 대해서는 듣지 못할 것이다. 히틀러, 힘러, 하이드리히, 칼텐브룬너. 이들은 나폴레옹, 푸케, 로베스피에르, 생쥐스트와 같은 이름이 될 것이다. 오늘 나는 《독일에 대하여》라는 제목의 책을 읽고 있는데, 한 독일인 아버지가 그의 어린 아들과 나누는 가상의 대화를 담고 있다. 거기 그 아들의 눈에는 볼셰비즘과 나치즘 사이에 아무런 차이도 없어 보인다. 1933년에서 1945년 사이에 일어났던 일은 비슷한 조건 아래서는 어디서나 일어날 수 있었던 것이라고 사람들은 가르치고 말할 것이다. 그것이 하필 다른 곳이 아닌 독일에서 일어났다는 것, 그 사소한 사실을 더 이상 고집하지 않을 것이다. 《마우어발트에 관한 회상》이란 책에서 한때 독일의 총사령관이자 장교였던 라이덴 출신의 페르디트 왕자는 다음과 같이 쓰고 있다. "우리의 외곽 지역 중 한 곳에서 끔찍한 소식이 들려왔다. 친위대 사령부가 집 안으로 들어가 아직 걷지도 못하는 어린아이들을 위층 창문을 통해 포장도로 위로 내던졌다는 것이다." 그처럼 고도로 문명화된 민족이 신뢰할 만한 조직과 과학적인 정확성을 바탕으로 수행한 수백만 명의 살해는 유감스럽지만 튀르키예인에 의한 아르메니아인들의 살인적인 추방이나 식민지 프랑스인들의 잔학 행위와는 결코 비교될 수 없다. 개괄적인 '야만의 세기'에는 모든 것이 가라앉는다. 우리, 희생자들은 말 그대로 역사에 적대적인 반동자로, 정말로 가르치기 힘들고, 화해하기 힘든 자로 남아 있을 것이며, 우리들 가운데 몇몇 사람이 살아남은 것은 마침내는 업무상 재해로 여겨질 것이다.

나는 번창하는 나라를 가로질러 달리지만, 거기가 점점 더 편하지가 않다. 사람들은 어디서나 친절하고 이해심을 가지고 나를 대해 주었다. 독일의 신문과 방송이 우리에게 독일인들의 사려 깊지 못한 과거에 대해 말할 기회를 마련해 주고 그것에 대해 사례를 지불하는 이상, 우리 같은 사람들이 무엇을 더 요구할 수 있겠는가? 그러나 대단히 호의적인 사람들조차도 앞에서 인용한 "유감스럽다."고 말했던 저 젊은 투고자처럼 결국은 우리에게 조급증을 보인다는 사실을 나는 안다. 그러면 나는 프랑크푸르트, 슈투트가르트, 쾰른, 뮌헨에서 나의 원한을 간직한 채 홀로 서 있다. 내 편에서 보자면 개인적인 구원이란 이유에서, 그러나 다른 편에서는 독일인들을 위해 내가 품고 있는 원한을 돈으로 사려는 공공여론 기관 외에는 누구도 내게서 그 원한을 풀어주려 하지 않는다. 나를 비인간적으로 만들었던 것이 이제는 내가 팔려고 내놓은 상품이 되었다.

어떤 사람은 영원히 빛 속에 서 있고, 다른 사람은 영원히 어둠 속에 머물러 있는 운명의 나라. 나는 그 나라를 호송 열차를 타고 종횡으로 지나갔는데, 소련군이 마지막으로 밀어붙이자 그 열차는 우리를 태우고 아우슈비츠에서 서쪽으로 달렸고, 그런 다음 부헨발트에서 북쪽에 있는 베르겐-벨젠으로 향했다. 철로가 눈에 덮인 보헤미아 지역의 끝자락을 거쳐 우리를 태우고 갈 때 농부의 아내들은 빵과 사과를 가지고 죽음의 기차 옆으로 달려왔지만, 호송병들은 무차별적인 사격으로 그들을 쫓아냈다. 그러나 제국 안에서는 돌처럼 굳은 얼굴들, 자만에 찬 국민들. 여전히 자만에 찬 국민들. 그 자만이 좀 더 심해졌다는 사실을 인정해야 한다. 그 자만심은 더 이상 이를 가는 턱 속으로 스스로를 감추지 않고, 거리낌 없는 양심과 다시 한번 이루어냈다는 이해할 만한 만족감으로 빛나고 있었다. 그 나라는 더 이상 영웅적인 무력에 의존하지 않고 세계에서 우뚝 선 생산력에 의존했다. 그러나 그것은 과거에 대한 자랑이고, 우리 편에서는 당시의 무력함을 말해 준다. 패배한 자는 애통할지어다!

나는 원한을 접어야 한다. 나는 아직도 그 원한의 도덕적 위상이나 역사적 타당성을 믿고 있다. 그러나 아직도 얼마나 오래? 내가 스스로에게 그 같은 질문을 던져야 한다는 것 자체가 자연적인 시간 개념의 섬뜩함을 보여준다. 아마도 그것은 이미 내일이면 자신에 대한 유죄판결로 이어질 것이다. 합리적으로 세상을 살아가는 진짜 영리한 사람에게 오늘 이미 그런 것처럼, 역전에 대한 도덕적 갈망이 반풍수의 어처구니없는 수다처럼 보인다면 말이다. 그리고 나면 나의 헤르베르트 카르프, 빌리 슈나이더, 마이스터 마테우스, 그리고 몇몇 다른 지식인이 익사한 자리에서 이 자만심에 찬 민족은 최종적으로 승리를 거두게 될 것이다. 근본적으로 셸러와 니체의 우려는 정당하지 않았다. 우리의 노예 도덕은 승리하지 못할 것이다. 원한, 곧 진정한 도덕적 감정의 원천이고, 언제나 열등한 자들의 도덕이었던 원한이 우세한 자들의 사악한 일을 불쾌하게 여기기에는 기회가 너무 적든지 아니면 전혀 없다. 우리 희생자들은 한때 집단 수용소 은어인 '끝내다fertigmachen'라는 단어가 가졌던 의미에서 반동적인 분노를 끝내야 한다. 그 단어는 죽인다는 것과 같은 뜻을 가진다. 우리는 곧 끝내져야 하고 끝내질 것이다. 우리가 원한을 가지고 평온을 가로막았던 사람들에게 그때까지만 인내를 당부한다.

Über Zwang und Unmöglichkeit,
Jude zu sein

유대인 되기의 강제성과 불가능성에 대해

상대방이 대화 중에 어떤 맥락에서 나의 신상을 파악하고 '우리 유대인은'이라고 복수複數 주어를 사용하면, 나는 고통스러울 정도는 아니지만, 마음속 깊이 불쾌감을 느낄 때가 종종 있다. 나는 이 심리적 불쾌감의 원인을 알아내려고 오랫동안 애를 썼지만, 쉽지 않았다. 한때 아우슈비츠 수감자였던 나는 내가 무엇인지, 무엇이어야 하는지를 인식할 기회가 결코 적지 않았다. 무릎까지 오는 흰 양말을 신고 가죽 반바지를 입은 채 거울에 비친 내 모습이 매력적인 독일계 젊은이처럼 보이는지 불안하게 살펴보던 몇십 년 전처럼, 나는 유대인이기를 여전히 원치 않았다. 당연히 독일 젊은이처럼도 보이지 않는다. 어리석게도 전통적인 의상으로 변장하던 일은 아주 오래전 일이다. 나는 독일 청년이 아니고, 독일 남자가 아닌 것이 맞다. 언제나처럼 그 가면이 내게 어울린다 해도 그 가면은 창고 속에 들어가 있다. 오늘 한 유대인이 합법적인 정당성을 가지고 나를 자신의 공동체로 끌어들이려 할 때 내 속에서 불쾌감이 일어난다면, 그것은 내가 유대인이기를 원하지 않기 때문이 아니다. 단지 유대인이 될 수 없기 때문이다. 그런데 유대인이 되어야 하기 때문이다. 이 같은 당위성에 나를 단순히 굴복시키는 것이 아니라, 그것을 '나'라는 인간의 일부로 요구하기 때문이다. 여기서 유대인이란 존재의 강제성과 불가능성, 그것은 내게 석연치 않은 고통을 준다. 나는 이 같은 강제성과 불가능성, 이 같은 압박, 이 같은 무능함에 대해 다룰 것이고, 그 점에서 지극히 개인적인 것이 유대인이 아니고, 될 필요도 없는 사람에게도 해당되는 사안이 될 수 있기를 바란다.

우선 불가능성에 대하여 말해보자. 유대인이 다른 유대인과 함께 종교적 신앙을 고백한다는 것, 유대적 문화 전통과 가족 전통에 참여하고, 유대적인 민족 이상을 지닌다는 것을 의미한다면 나는 승산이 없는 상황에 처한다. 나는 이스라엘의 신을 믿지 않는다. 유대 문화에 대해 아는 바도 별로 없다. 크리스마스 때 눈 덮인 마을을 지나 한밤의 미사에 참석하기 위해 발걸음을 내딛는 소년 시절의 내 모습이 떠오른다. 그러나 어떤 유대교회에서도 나를 발견하지 못한다. 집 안에 불상사가 일어날 때마다 우리 어머니가 예수, 마리아, 성 요셉을 찾던 소리를 여전히 듣는다. 그것은 히브리 신에 대한 맹세가 아니었다. 그래서 황제가 어디로 보내든 그곳에 머물고, 조국이 가장 안전하게 지켜준다고 믿고 있던, 내가 거의 알지 못했던 아버지는 내게 수염이 긴

유대인 현자를 보여준 것이 아니라 제1차 세계대전 당시의 유니
폼을 입고 있는 티롤의 사냥꾼 황제를 보여주었다. 이디시어[1]의
존재에 대해 처음 들었을 때 내 나이 열아홉 살이었지만, 종교
적으로나 윤리적으로 여러 겹으로 뒤섞인 우리 가족은 그럼에도
이웃들에게는 유대인으로 인식되었고, 우리 집에서는 애초에 감
출 수 없는 것을 부정하거나 감추려는 생각을 아무도 하지 않았
다. 내 동급생 중 하나가 파산한 공장 주인의 아들인 것처럼 나
는 유대인이었다. 그 소년이 혼자 있을 때는 자기 집안이 사업상
몰락했다는 것이 그에게 특별한 의미를 갖지는 않았다. 그러나
그가 다른 아이들 사이에 섞여 있을 때면 짜증나고 당황스러운
상황에 빠져들었던 것처럼, 우리 유대인들도 마찬가지였다.

유대인이란 사실이 문화적 소유나 종교적 유대감을 말한다
면 나는 유대인이 아니고, 결코 유대인이 될 수도 없다. 물론 소
유란 얻게 되는 것이고, 유대감이란 생겨나는 것이라면, 유대인
은 자유로운 결단에 따른 것일 수도 있다는 이의를 누군가가 제
기할 수 있다. 내가 히브리어를 배우는 것이나 유대의 역사와 다
른 역사를 읽는 것, 신앙이 없이도 종교적이고 민족적인 유대의
식에 참여하는 것을 누가 방해할 것인가? 예언자에서부터 마르
틴 부버에 이르기까지 유대문화에 대한 모든 지식을 갖춘 채 나
는 이스라엘로 이주하고 이름을 요카나안Jochanaan으로 부를 수

---

1 중유럽과 동유럽 출신 유대인이 사용하는 언어.

도 있을 것이다. 나에게는 나를 유대인으로 선택할 자유가 있고, 그것은 아주 개인적인 명예이며 인류 전체의 명예이다. 그러면 내게 안전이 보장된다.

그러나 정말로 나는 그 모든 것을 가지고 있는가? 그렇게 생각하지 않는다. 스스로 얻은 새로운 정체성을 자랑스럽게 여기는 요카나안은 하시디즘~Hasidism~[2]에 대한 기본적인 지식을 가지고, 12월 24일 크리스마스 이브에 금박한 호두로 장식된 크리스마스트리를 더 이상 생각하지 않는가? 유창하게 히브리어를 구사하는 확실한 이스라엘인은 흰 양말을 신고 토착적인 오스트리아 사투리를 구사하던 젊은이를 완전히 지워버릴 수 있는가? 현대문학에서 정체성의 변화란 매우 매력적인 모티프이지만, 내 경우에는 중간 해결책이라는 출구 없이는 인간적인 총체성에서 성공할 수도 있고 못 할 수도 있는 하나의 도전이었고, 오히려 실패할 수밖에 없는 많은 조건을 가지고 있었던 것처럼 보인다. 사람들은 잃어버렸던 전통에 다시 연결될 수 있다. 그러나 자신을 위해 전통을 자유롭게 만들어낼 수는 없다. 나는 유대인이 아니었기 때문에 아무도 아니다. 그리고 나는 아무도 아니기 때문에 그 누구도 될 수 없다. 카르멜 산[3]에서 알프스 계곡과 글뢰클러라우펜~Glöcklerlaufen~[4]에 대한 기억 때문에 집으로 돌아온 요카나

---

2 18세기 초 동유럽에 퍼진 유대교 혁신 운동.
3 이스라엘 북쪽에 있는 산.

안은 한때 종아리까지 오는 양말을 신은 젊은이보다 덜 진짜일 것이다. 자기실현의 변증법. 되어야 하고 되고자 하는 사람이 되는 동안 그 사람인 것, 그 같은 자기실현이 내게는 차단되었다. 형이상학적인 실체로서가 아니라 일찍이 경험했던 것의 축적인 그 무엇은 거역할 수 없이 우선권을 가지기 때문이다. 사람들은 비록 나중에는 벗어난다 하더라도 최초 삶의 틀 속에 머물러 있어야만 한다. 누구도 자신의 기억 속에서 찾아낼 수 없는 것이 될 수는 없다.[4]

그래서 내가 유대인이 되는 것은 가능하지 않았다. 그러나 나는 그것이 되어야 하기 때문에, 그리고 되어야 하는 것이 유대인이 아닌 다른 것일 수도 있었을 내 길을 바꾸어 놓았기 때문에 도무지 나 자신을 찾을 수 없는 것일까? 내가 그것을 결정해야 한다면, 역사도 없이, 존재하지도 않는 보편적이고 추상적인 그림자로, 공허한 공식으로 도피해야 한다면, 나는 과연 인간인가? 좀 더 기다려라. 아직 그렇게 멀리 나가지 않았다. 강제성이 있기 때문에, 그리고 강제성은 얼마나 명령적인지! 불가능성 또한 해체되어야 한다. 그런데도 인간은 내가 불법적으로 했던 것처럼 스스로를 숨기지 않고, 그리고 추상적인 것으로 도주하지 않고 살기를 원한다. 한 인간이라고? 분명 그렇다. 누가 인간이기를 원치 않겠는가? 사람은 오로지 독일인, 프랑스인, 기독교인,

---

4 오스트리아 북부 지역에 전해지는 민속춤으로, 종소리에 맞춰 춘다.

임의로 정의할 수 있는 사회적 공동체의 일원일 때 인간이 된다. 내가 종교를 가지고 있든 없든, 전통 속에 있든 밖에 있든, 장, 한스, 혹은 요카나안이든 아니든 나는 유대인이어야 하고, 앞으로도 그렇다. **왜** 나는 유대인이어야 하는지에 대해 여기서 말하고자 한다.

그것은 동급생들이 그 소년에게 하던 말, "너희는 원래 유대인이야."라는 말로 시작하지는 않았다. 히틀러가 권력을 잡기 오래전에 처음으로 나치의 주먹이 내 이빨 하나를 부러뜨렸을 때, 대학 건물의 경사면에서 주먹질과 함께 시작된 것도 아니다. 우리는 유대인이다. 그래서 어쨌다고? 나는 동급생에게 대답했다. 오늘은 내 이빨, 내일은 네 이빨, 악마에게나 잡혀가라. 나는 싸움질 후에 생각했고, 빠진 이빨 사이의 틈새를 흥미진진한 결투의 상처만큼이나 자랑스럽게 드러내고 다녔다.

그것은 내가 1935년 빈의 한 카페에 앉아 저 너머 독일에서 막 통과된 뉘른베르크 법에 대한 신문 기사를 읽었을 때 처음 시작되었다. 나는 신문의 그 지면을 건너뛰었지만, 그것이 내게 해당된다는 것을 곧바로 알 수 있었다. 세계가 독일 민족의 합법적인 대표자로 인정한 나치 독일 국가에서 사회는 눈에 띄는 모든 형태로 나를 너무나 명백한 유대인으로 만들었고, 그 사회는 과거에 그랬지만 당시에는 중요하지 않던 사실, 즉 내가 유대인이란 사실에 새로운 차원을 부여했다.

어떤 차원이냐고? 그것은 측정할 수 없는 차원이었다. 뉘른베르크법을 읽고 나서 내가 그 30분 전보다 더 유대적으로 된 것은 아니었다. 내 얼굴 생김새는 지중해 셈족의 생김새도 아니었고, 내 연상 작용의 범위가 마법에 의해 갑자기 히브리 관련 체계로 바뀐 것도 아니었으며, 크리스마스트리가 일곱 가지가 달린 촛대로 변하지도 않았다. 사회가 내게 내린 선고가 구체적인 의미를 지닌다면, 그것은 내가 죽음에 내맡겨졌다는 것을 뜻할 뿐이었다. 죽음. 그렇다. 우리 모두는 빠르든 늦든 죽음에 처하게 된다. 그러나 법적 결정이나 사회적 결정에 의해 죽음에 내맡겨진 유대인인 나에게 죽음은 생의 한가운데서 훨씬 가깝게 약속되었다. 나의 날들은 매 순간 철회될 수 있는, 무자비한 시간이 되었다. 오늘날 생각해보면 아우슈비츠와 최종 해결안을 1935년으로까지 거슬러 적용시키는 것이 부당하다고 생각지는 않는다. 오히려 분명한 것은 내가 실제로는 그해에 법 조항을 읽던 그 순간에 죽음의 위협을, 더 정확히 말하자면 이미 사형선고를 받았다는 것이며, 그것을 위해 특별히 역사적 감수성이 필요하지는 않았다는 것이다. 나는 이미 수백 번도 더 독일이 각성해야 한다는 구호와 연결된 저 운명적인 주문, 유대인은 몰락해야 한다는 주문을 듣지 않았던가? "유대인 뒈져라!" 이것은 즐겁게 들리기까지 하는 "귀족들을 가로등으로L'aristocrat, à la lanterne!"[5]라

---

5 1790년에 나온 프랑스혁명가 〈싸 이하 ça ira!〉의 구절로 귀족들을 가로등에 목매달아야 한다는 뜻이다.

는 구호와는 전적으로 다른 것이었다. 역사적으로 과거의 무수한 소수민족 박해와 연결된 것임을 생각지 못하거나 알지 못했다 하더라도, 그것은 혁명적인 소란이 아니라 하나의 슬로건, 즉 전쟁 구호 속에 압축된 한 민족의 숙고가 담긴 요구였다. 나는 당시 독일의 한 화보 신문에서 라인강변의 한 도시가 개최한 겨울철 구호 행사 사진을 본 적이 있는데, 전면에 전깃불로 반짝이는 크리스마스트리 앞에 걸린 현수막의 글귀가 휘황찬란해 보였다. "누구도 굶주려서는 안 된다. 누구도 추위에 떨어서는 안 된다. 하지만 유대인들은 죽어야 한다……." 불과 3년 뒤 오스트리아가 대독일제국에 편입된 날, 나는 라디오를 통해 빈에서 유대인 몇 명이 자살을 한 사건은 그리 대수롭지 않다고 괴벨스가 외치는 것을 들었다.

유대인이란 내게는 이처럼 처음부터 휴가 나온 죽은 자였고, 우연히 아직도 살아있는 살해될 사람이란 것을 의미했으며, 그것은 많이 변형되고 정도의 차이가 있긴 하지만 오늘날까지 남아 있다. 내가 처음 뉘른베르크 법을 읽었을 때 너무나도 분명하게 느꼈던 죽음의 위협 속에는 사람들이 흔히 나치에 의한 유대인의 체계적인 '존엄성 박탈'이라고 불렀던 것도 들어 있었다. '존엄성 박탈'이란 다른 말로 하면 살해 협박을 말하는 것이다. 나는 수년 동안 그것을 매일같이 읽고 들었다. 우리는 게으르고, 사악하고, 추하고, 오로지 범행을 저지르는 데만 재주가 있으며, 다른 사람에게 사기를 칠 때만 영리하다는 것이다. 우리는 국가를 형성할 능력이 없지만, 주인 국가에 동화되기에는 전혀 어울리지 않는다는 것이다. 털북숭이에다가 뚱뚱하고, 다리가 휘어진 우리의 신체는 공중목욕탕을 더럽히고, 심지어는 공원의 벤치도 더럽힌다는 것이다. 쫑긋 선 귀와 매부리코로 일그러진 혐오스러운 얼굴은 이웃에게, 어제의 이웃 주민들에게 구역질나는 것이었다. 우리는 사랑받을 가치가 없고, 그래서 살아갈 가치도 없었다. 우리의 유일한 권리이자 의무는 우리 스스로를 세상 밖으로 내던지는 것이었다.

아우슈비츠보다 이미 오래전에 죽음의 위협과 같은 유대인의 존엄성 박탈에 대해, 사르트르는 1946년에 〈유대인 문제에 대한 고찰〉에서 유용한 몇 가지 인식을 펼쳤다. "유대인 문제는 없다. 단지 '유대인 배척주의'라는 문제가 있을 뿐이다." 나아가 유대인 배척주의를 통해 유대인들은 적대자들이 만들어내는 이미지 속으로 내몰리는 상황에 처했다는 것이다. 이 두 가지는 내게 논란의 여지가 없어 보인다. 단지 이 위대한 작가는 자신의 짧은 현상학적 논문에서 스스로도 저항할 수 없는 반유대주의의 힘을 전반적으로 파악하지 못했을 뿐 아니라, 유대인을 그 속으로 몰아넣은 반유대주의의 지극히 파괴적인 억압을 기술하지는 못했다. 사르트르는 여기서 '사실이 아니라는' 것을 강조하지 않은 채, '보편적 인간'이라는 신화에 의존한 유대인은 유대인이란 운명으로부터 도주하면서 압제자의 힘에 굴복했다고 말한다. 그러나 제3제국 시절에는 바람에 등이 떠밀렸고, 바람마저 적대적이었다는 사실을 참작해야 한다. 그 어떤 출구도 없었다. 왜냐하면 정당 차원에서 맹세한 극단적인 나치당원만이 우리에게서 인정받을 권리를, 살아갈 권리를 박탈한 것은 아니었기 때문이다. 내가 말하고 싶은 것은 여기저기서 얼마간의 표면적인 유감을 표하긴 했지만, 전 독일, 전 세계가 그 계획에 고개를 끄덕였다는 것이다.

우리는 기억해야 한다. 제2차 세계대전 후 공산주의 체제 아래 여러 나라에서 피난민의 물결이 서방으로 밀려왔을 때, 자유국가로 인정받는 세계 여러 나라는 서로 경쟁이나 하듯 수용 자세나 구조 태세를 보였다. 그것이 그들 고국의 모든 이주자 가운데 눈에 띄지도 않는 소수의 목숨과 관련되었음에도 말이다. 그러나 독일제국에서 우리를 기다리는 것이 무엇인지 생각 있는 사람들이라면 충분히 알고 있었음에도, 그 누구도 우리를 받아들이려 하지 않았다. 그러자 필연적으로 도달한 결과는 유대인들은 진짜든 아니든, 메시아에 대한 환상과 민족적인 기대감을 간직하든 그 사회에 동화되었든 간에, 적이 그들의 피부에 떠돌아다니는 '폭도'라는 이미지를 각인해 넣을 때, 자기 속에서 그 어떤 저항력도 찾지 못했다는 것이다. 그러나 이 같은 무력감은 나치가 시작되기 이전 시대에 동화同化를 원했던 혹은 반대했던 독일 유대인의 고전적인 자기혐오와는 별로 관계가 없다는 것을 알아두어야 한다. 자기혐오자는 자신이 그토록 되기를 원하는 것, 곧 독일인이 될 수 없다는 것을 알고 있었고, 그래서 스스로를 경멸했다. 그들은 비독일인으로서의 자신의 존재를 받아들이려 하지 않았지만, 아무도 그들에게 유대인으로서의 존재를 거부하라고 강요하지는 않았다. 그에 반해 1933년에서 1945년 사이에 유대인 가운데 가장 명민하고 정직한 사람들이 진짜든 진짜가 아니든 간에, 부랑자들 앞에서 일시적으로 굴복했을 때는 전적으로 다른 차원으로, 더 이상 도덕적 행위가 아닌 해고라는 사회철학적인 행위였다. '세상이 우리를 그렇고 그렇게 게으르고 추하고 무익하고 사악하게 보는구나.'라고 그들은 스스로에게 말해야 했다. 그 같은 세상의 동의에 직면해 우리가 **그렇지** 않다고 반박하는 것이 무슨 의미가 있겠는가? 폭도라는 이미지에 유대인을 넘겨주는 것은 사회적인 현실을 인정하는 것 외에 아무것도 아니었다. 그들에 대항해 다른 체계의 자기평가를 불러오는 것은 틀림없이 우스꽝스럽고 어리석게 보일 뿐이었다.

너희는 당연히 거기에 있어야 했다고 사람들은 말하고 싶어한다. 어디서나 우리 앞에 세워진 거부의 담장을 생각하면 나는 아우슈비츠-모노비츠에 머물렀던 시절이 떠오른다. 수용소 내에서도, 이른바 작업장의 자유노동자들 사이에서도 나치가 우리에게 내린 엄격한 인종적인 위계질서가 있었다. 제국에 거주하는 독일인은 다른 곳에 흩어져 사는 독일인보다 더 우월한 것으로 간주되었다. 플랑드르 벨기에인은 발로니쉬 벨기에인보다 더 높이 평가되었다. 총독부 우크라이나 사람은 폴란드 지역의 우크라이나 사람보다 높은 서열에 속했다. 동유럽 노동자들은 이탈리아 사람보다 열등하게 평가되었다. 사다리의 제일 아래 칸에 집단 수용소 수감자들이 있었고, 그들 중에서도 유대인이 가장 낮은 서열에 속했다. 아무리 타락한 비유대 전문 범죄자들일지라도 우리보다 더 높이 있었다. 폴란드인들은 불행한 바르샤바 무장봉기[6] 후에 수용소에 던져진 진정한 자유의 투사든, 아니면 별 볼일 없는 소매치기이든 간에 한결같이 우리를 무시했다. 그것은 반쯤 문맹인 백러시아 노동자들도 마찬가지였다. 프랑스인들 역시 그랬다. 한번은 프랑스 자유노동자가 프랑스 출신 유대인 수감자와 말하는 것을 들은 적이 있다. "난 프랑스인이야." 수감자가 말했다. "자네가 프랑스인이라고? 이봐, 자네는 유대인이지."라고 그의 동향인은 그에게 간단히, 적대감 없이 대꾸했다. 그는 두려움과 무관심이 뒤섞인 채 유럽의 주인인 독일인들의 교훈을 배운 것이다. 세상은, 수용소 안의 작은 세상과 바깥의 큰 세상은 독일인들이 우리에게 지시한 장소에 동의했다. 그들이 빈에서, 베를린에서, 암스테르담과 파리, 브뤼셀에서 한밤중에 집에 들이닥쳐 우리를 끌고 갔을 때, 항의한 사람은 아주 드물었고 영웅적인 개별 사례에 국한되었다.

뉘른베르크 법의 공포와 더불어 시작되고 그 직접적인 결과

---

6 1944년 폴란드 향토방위군이 바르샤바에서 독일 점령군에 저항해 63일 동안 싸우다가 결국 항복한 사건을 말한다. 그 후 독일군은 집단 학살을 자행했고 도시는 완전히 파괴되었다.

로 트레블링카까지 이어졌던 우리 유대인에 대한 존엄성 박탈의 과정에서 우리 편 혹은 나의 편에서 존엄성의 재획득을 위한 시도가 대칭적으로 이루어졌다. 내게는 그것이 오늘날까지 끝나지 않았다. 그 단계와 잠정적인 결과를 밝히려는 나의 노력을 이 글에서 기술하고자 하는데, 이 점에서 독자들이 얼마 동안 나와 동행해 주기를 당부한다. 그 여정은 짧지만 가기가 힘들고 방해물과 마름쇠로 가득하다. 그것은 결국 사람들이 내게 1935년 처음으로 박탈한 후 1945년까지는 공식적으로 억류했으며, 오늘날에도 여전히 인정하려고 하지 않은, 그래서 내 손으로 얻어야만 하는 존엄과는 어떤 관계에 있는가? 존엄이란 도대체 무엇인가?

우리는 존엄성 상실과 죽음의 위협이 동일하다는 것을 거꾸로 입증할 수 있다. 존엄성의 박탈이란 잠정적인 삶의 박탈과 다르지 않다는 나의 견해가 옳다면, 존엄성은 삶에 대한 권리이다. 존엄성에 대한 인정이나 박탈이 사회적 동의의 행위라고 내가 했던 말, 다시 말해 존엄성에 대해서는 '자명함'이란 근거가 없다는 내 판단이 옳다고 가정해 보자. 그렇다면 우리에게서 존엄성을 빼앗은 사회공동체에 반대해서 우리 스스로 대단히 존엄하게 '느꼈다'라는 주장이 비록 옳다 하더라도 존엄성을 다시 얻기 위한 모든 수고는 무가치하고 앞으로도 여전히 그럴 것이다. 존엄성의 상실이란 죽음의 위협 속에서 산다는 것을 말하고, 빠져나갈 수 없는 운명이다. 그러나 다행히도 그것은 논리가 바라는 대로 진행되지는 않는다. 존엄성이란 이러저러한 직책의 존엄성이든, 직업상의 존엄성이든, 혹은 아주 일반적인 시민의 존엄성이든 간에 단지 사회에 의해서만 부여될 수 있고, 단순히 개인적인 내면에 의해 제기된 권리는 ("나는 인간이고, 그러므로 그들이 무엇을 하든 무슨 말을 하던 간에 나의 존엄성을 지닌다.") 공허한 사변이거나 망상에 불과하다. 그런데도 존엄성을 박탈당한, 죽음의 위협을 당하는 사람은 (여기서 우리는 유죄판결의 논리를 부수어버린다) 자신의 운명을 받아들이는 동시에 저항함으로써 자신의 존엄성을 그 사회에 인식시킨다.

첫 번째 행위는 주어진 현실인 사회의 판결권에 대한 무제한적인 인정으로 나타난다. 내가 1935년 뉘른베르크 법을 읽었을 때, 그리고 그것이 나를 겨냥하고 있을 뿐 아니라 이미 이전에 독일 사회가 "뒈져라!"라는 구호를 통해 노렸던 판단이 법조문으로 표현되었다는 것을 알게 되었을 때, 나는 정신적인 도피를 택하고, 방어 메커니즘을 작동시킴으로써 복권을 위한 절차를 포기할 수 있었을 것이다. 그렇다면 나는 나 자신에게 말했을 것이다. "그래, 그래. 이것이 민족사회주의 국가의 의지, 합법적인 독일 국가의 의지야. 그러나 그것은 실제 독일과는 관련이 없어. 실제 독일은 나를 추방할 생각은 전혀 없어." 혹은 나는 유감스럽게도 유혈이 낭자한 망상 속에 빠져 있는 나라, 어처구니없는 방식으로 나를 단어의 본래 의미 그대로 하류 인간으로 낙인찍었던 나라, 그것은 오로지 독일뿐이라고 논증할 수도 있었을 것이다. 반면 다행히도 영국인, 프랑스인, 미국인, 러시아인이 존재하는 크고 넓은 세계에서 독일을 사로잡은 집단적 편집증으로부터 나는 안전하다고 말이다. 혹은 독일이란 실제 국가에 대해서와 마찬가지로 독일의 정신적 장애 앞에서 세계는 면역력을 지니고 있다는 환상 자체를 포기한 채 결국 나 자신에게 말할 수 있었을 것이다. "사람들이 나에 대해 뭐라 말하든 그것은 사실이 아니다."라고. 내가 나 자신을 내적 공간 속에서 바라보고 이해할 때만이 정말 나이고, 나 자신을 위해, 다름 아닌 내 안에 있을 때 내가 된다고 말이다.

나는 그사이 그 같은 유혹에 굴복하지 않았다고 말하지는 않겠다. 단지 내가 결국은 그런 유혹에 저항하는 것을 배웠다는 것, 1935년 당시 제3제국과 모든 관계를 끊겠다는 단호한 태도를 보여주지 못한 세계 앞에서 나의 존엄성을 입증하겠다는 터무니없는 요구를 숨막히게 느꼈다는 사실을 말할 수 있을 뿐이다. 분명하진 않지만 나는 그 같은 판단을 그 자체로 받아들여야 할지라도 그것을 수정하도록 세상에 압력을 가할 수 있다는 것을 알았다. 나는 세계의 판단을 받아들였다. 반란을 통해 그것을 극복하리라는 다짐과 함께.

반란. 물론 천둥 같은 말이다. 그것은 내가 영웅이었거나 짐짓 영웅으로 보이기를 원했다고 할 수도 있을 것이다. 나는 결코 영웅이 아니었다. POL[7] 번호판을 단 작은 회색 폭스바겐과 처음

---

[7] 폴란드 자동차 번호판. Poland의 약자.

에는 빈에서, 다음에는 브뤼셀에서 마주칠 때면, 나는 두려움으로 숨이 멈출 지경이었다. 카포가 구타하려고 팔을 쳐들면 나는 바위처럼 서 있지 못하고 몸을 피했다. 그런데도 나의 존엄성을 되찾는 과정을 시작하려 했고, 그것은 내게 신체적인 살아남기를 넘어 그 끔찍한 것을 도덕적으로 이겨낼 수 있는 최소한의 기회를 열어주었다. 나는 내게 유리하게 보이도록 말을 해서는 안 된다. 비록 타협할 가능성이 있었다 하더라도 나는 유대인이라는 사실을 받아들였다. 그러고는 현실 정치적으로는 비전이 거의 없는 저항운동에 가담했다. 결국 나는 나 자신이나 나와 같은 사람들이 자주 망각했던 것, 도덕적인 저항보다 더 중요한 것이 무엇인지, 그것은 곧 되받아치는 것임을 다시 배웠다.

이 순간 수감자 십장이자 공포를 불러일으킬 정도로 건장했던 폴란드 전문 범죄자 유스첵이 내 눈앞에 떠오른다. 아우슈비츠에서 그가 한 번은 사소한 일로 내 얼굴을 때렸는데, 그 사람은 자기의 지휘권 밑에 있는 모든 유대인을 그렇게 다루는 습관이 배어 있었다. 이 순간 내가 더없이 분명하게 느낀 것은 사회에 저항하는 오래된 나의 방식에서 한걸음 더 나아가는 것은 다름 아닌 나 자신에게 달려 있다는 것이었다. 내가 십장인 유스첵의 얼굴을 갈긴 것은 공개적인 반란 행위였다. 나의 존엄성은 주먹질을 가한 그의 턱에 놓여 있었다. 그다음 결국 제압당하고 처참하게 얻어맞은 이는 당연히 신체적으로 훨씬 나약한 나였고, 더 이상의 의미를 갖지는 못했다. 그러나 나는 고통스럽게 매를 맞으면서도 나 자신에게 만족했다. 용기나 명예 때문이 아니라, 오로지 신체가 우리 자아의 모든 것이고 우리의 전 운명이 되는 삶의 상황이 있다는 것을 이해했기 때문이었다. 나는 내 몸이었고, 그 밖에는 아무것도 아니었다. 굶주림과 내가 당했던 구타와 내가 가했던 구타 속에서 말이다. 피골이 상접한 채, 때가 덕지덕지 눌어붙은 내 몸은 나의 비참함이었다. 내 몸은 내려치기 위해 힘을 줄 때 나의 신체적이고 형이상학적 존엄성이었다. 신체적인 폭력 행위는 나와 같은 상황에서 분열된 인격을 복구하기 위한 유일한 수단이었다. 나는 구타를 통해 내가 되었다. 나 자신을 위해서도, 그리고 상대방을 위해서도.

나중에 식민지 민족의 태도를 분석하고, 이를 이론적으로 설명한 프란츠 파농[8]의 《대지의 저주받은 사람들Les damnés de la terre》(1961)을 읽었지만, 나는 한 사람의 얼굴에 주먹질을 가함으로써 존엄성을 실현했던 당시에 이미 그의 이론을 선취했던 것이다. 유대인은 세계가 내린 사형선고의 전제, 곧 세상이 내린 판단의 전제였고, 그 앞에서 내면성으로 도피하는 것은 오로지 수치였으며, 동시에 그것에 반대하는 것은 신체적인 반란이었다. 내면적으로 나의 추상적인 인간성에 의지하지 않고 주어진

---

8 Frantz Fanon(1925~1961). 프랑스의 정신과 의사이자 작가. 억압받는 식민지의 인권과 자유를 주제로 작품을 썼으며, 대표작으로 《검은 피부 하얀 가면Peau Noire, Masques Blancs》(1952)이 있다. 아프리카 민족해방운동에 직접 참여하기도 했다.

사회적 현실 속에서 반란을 일으키는 유대인으로 자신을 발견하고 실현하는 사이 나는 인간이 되었다.

그 과정은 계속되었고 앞으로도 계속될 것이다. 이 시간 나는 그 점에서 승리한 것도 패배한 것도 아니다. 나치 제국이 몰락한 후 짧게나마 모든 것이 근본적으로 달라질 것이라고 믿었던 세계의 시간Weltstunde이 있었다. 당시 나는 잠시 동안 비록 사소하긴 하지만 레지스탕스 활동을 통해, 바르샤바 게토에서의 영웅적인 저항[9]을 통해, 그러나 무엇보다 나의 존엄성을 훼손한 사람들에게 세계가 보여준 경멸을 통해 나의 존엄성이 전반적으로 회복되었다는 환상을 품었다. 나는 우리가 경험했던 존엄성 훼손이 역사적 오류였으며, 일탈이며, 세계의 집단적인 질병이라고, 그리고 랭스에서 독일 장군들이 아이젠하워 앞에서 항복 서류에 서명한 순간에 세계는 그 질병으로부터 회복되었다고 생각했다. 그러나 곧바로 더 나쁜 것을 알게 되었다. 사람들이 막 유대인의 집단 매장지를 발견했을 즈음, 폴란드와 우크라이나에서는 반유대인 소요가 있었다. 프랑스에서는 언제나 면역성이 약한 소시민들이 점령자에게 감염되었다. 살아남은 자들과 피난 갔던 사람들이 되돌아와 자신들의 옛 집을 요구했을 때, 순진한

---

9 1943년 4월 독일민족사회주의 점령군에 의해 바르샤바 게토에 갇혀 있던 유대인들이 절멸 수용소에 보내지려 하자 이에 저항해 일으킨 반란. 반란을 진압한 후 독일 점령군 책임자 위르겐 슈트로프Jürgen Stroop는 바르샤바의 유대인 회당을 폭발시켰다.

가정주부들은 만족감과 짜증이 독특하게 섞인 투로 말했다. "흥, 그들이 돌아왔네, 사람들이 그들 전부를 몽땅 다 죽이지는 않았구면Tiens, ils reviennent, on ne les a tout de même pas tous tué." 네덜란드처럼 이전에는 반유대주의를 전혀 알지 못했던 나라에서조차, 게다가 유대인이 거의 없는 데도 불구하고, 독일 프로파간다의 남은 영향으로 갑자기 '유대인 문제'가 대두했다. 영국은 수용소나 형무소에서 돌아와 자신들의 위탁 지역인 팔레스타인으로 이주하려는 유대인들을 차단했다. 아주 짧은 시간이지만 나는 나 자신이 사형선고를 받고 집행이 유예된 사람이라는 사실에 여전히 큰 변화가 없다는 것을 알게 되었다. 형리가 될 수도 있었던 자들이 비록 지금은 일어났던 일에 대해 동의하지 않는다고 우물거리거나 아니면 큰 소리로 맹세한다 하더라도 말이다.

나는 현실을 이해했다. 사람들이 말하는 것처럼 현실이 내게 반유대주의와 논쟁하도록 부추겼는가? 전혀 그렇지 않다. 역사적이고 사회적이며, 정신적인 현상으로서의 반유대주의와 유대인 문제는 내게는 전혀 중요하지 않았고, 지금도 중요하지 않다. 그것은 전적으로 반유대주의자들의 문제이고, 그들의 수치이거나 그들의 질병이다. 반유대주의자들은 다른 사람들을 제패해야 하지만, 나는 그렇지 않다. 종교적이거나 경제적인, 혹은 다른 요소들이 유대인 박해에 얼마나 관여했는지를 연구하려 했다면 나는 그들의 더러운 손에 놀아나는 것이다. 내가 그 같은 연구를 나 자신에게 허용한다면, 이른바 역사적 객관성이란 지적 사기에 불과할 뿐이다. 그 앞에서는 살해된 사람도 비록 살해 자보다 더 많지는 않더라도 마찬가지로 죄가 있다. 나에게 상처 가 입혀졌다. 나는 그 상처를 소독하고 꿰매어야 한다. 구타자가 왜 곤봉을 들었는지를 생각하고, 그렇게 얻어낸 결론 속에서 그 를 반쯤 용서해야 한다.

내게는 반유대주의자가 중요한 것이 아니라 나의 존재에 대 해 담판을 짓는 것이 중요했다. 그것은 대단히 어려웠다. 전쟁 동안에 내게 열려 있던 가능성은 더 이상 주어지지 않았다. 나는 고지식하거나 잘난척하려 한 것은 아니지만, 1945년부터 1947 년까지 노란별[10]을 한 번도 달지 않았다. 적을 더 이상 알지 못 했기 때문에 적의 얼굴에 주먹질을 가할 기회도 없었다. 존엄을 되찾는다는 것이 전쟁과 민족사회주의라는 지나간 시절에는 그 렇게 다급했지만, 기만적인 평화가 지배하는 지금의 상태에서는 훨씬 더 어렵고, 여전히 무리한 요구이자 욕망이었다. 나는 단지 물리적 반란이 가능했던 시절보다 더 많은 강제와 불가능성 앞 에 서 있다는 사실을 분명하게 인식해야 했다.

여기서 잠시 멈춰 나는 나 자신의 경험 영역에서 말하지 않 은 유대인들과 나를 구분하고자 한다.《유대인에 대한 사변적 조 건La condition réflexive de l'homme juif》(1963)에서 프랑스 철학자 로베 르 미스라이Robert Misrahi는 다음과 같이 말했다. "나치 재앙은 모

---

10 나치가 유대인들을 구별하기 위해 달도록 했던 표식.

든 유대적 삶에 대한 절대적이고 과격한 지시 관계이다."그 말을 의심할 필요는 없지만 나는 모든 유대인의 의식이 이 관계에 어울리는 것은 아니라고 생각한다. 오로지 나와 같은 운명을 가졌던 사람들만이 1933년부터 1945년이란 시간에 매달릴 수 있다. 나는 그것을 자랑스럽게 말하는 것이 아니라 단지 간직하고 있을 뿐이다. 행동하지 않고 고통당하기만 한 것을 자랑스럽게 내세우는 것은 매우 우스꽝스러울 것이다. 내가 나의 비극적 특권을 내세우고 이해시키려 한다면 그것은 차라리 수치이다. 모든 유대인에게 파국은 실존적 준거점으로 여겨질 테지만, 그러나 단지 우리들, 곧 희생당한 사람들만이 그 파국을 정신적으로 충분히 이해할 수 있다. 다른 사람들에게는 감정이입 하는 것이 금지되어 있다. 그들은 어제 그들의 운명일 수도 있었을, 그리고 내일 자신의 것이 될 수도 있을 운명에 대해 숙고해 볼 수 있다. 그들의 정신적인 노력은 우리의 존경을 받겠지만, 그는 회의적인 사람이 될 것이며, 그들과의 대화에서 우리는 곧 입을 다물고 혼잣말을 할 것이다. '여보게들, 잘해보게나. 원하는 대로 노력해 보게. 그러나 당신들은 장님이 색깔에 대해 말하는 것처럼 하는군.'

막간극은 끝났다. 나는 다시 나 자신과 몇몇 가까운 동료와 함께 남겨져 있다. 지금 나는 우리 앞에 분명히 드러나지 않는 것에 대해 폭력적으로 반응하는 것이 누구에게도 허용되지 않는 전후시기에 살고 있다. 나는 다시 강제와 불가능성 앞에 서 있는 나를 본다.

이 불가능성이 모두에게 적용되지 않는 것은 분명하다. 이 시대의 유대인 중에는 키예프의 노동자, 브루클린의 사업가, 네게프의 농부도 있다. 그들에게 유대인이라는 사실은 긍정적인 요소였고, 여전히 그렇게 작용한다. 그들은 이디시어 혹은 히브리어로 말하고 안식일을 지킨다. 그들은 탈무드를 해석하거나 젊은 군인으로 다윗의 별이 새겨진 푸르고 흰 군기 아래 당당하게 서있다. 그들은 관자놀이에 곱슬머리를 늘어뜨린 할아버지의 사진 앞에서 종교적으로나 민족적으로 혹은 단순히 개인적으로 경건하게 한 공동체의 일원으로서 **유대인**이다. 필요하다면 우리는 잠시 옆길로 들어서 사회학자 조르주 프리드망[11]과 함께 부차적인 질문을 제기할 수도 있다. 그들의 자손도 과연 그렇게 살아갈 것인지, 아니면 유대 민족의 종말이 도래한 것은 아닌지 하는 질문 말이다. 이스라엘 사람이 이미 유대인을 대신한 오늘날의 지중해 지역이나 세계 전역에서 유대인이 민족적 특성을 상실한 채 주인 민족 속으로 전반적으로 동화되는 것이 아니라 기술·산업 사회라는 더 거대한 통일체 속으로 흩어진다면 말이다.

나는 이 질문을 그대로 내버려 둔다. 인종적·종교적 공동체로서 유대 민족의 존속이나 소멸은 내 마음을 자극하지 않는다.

---

11 Georges Friedmann(1902~1977). 프랑스의 사회학자. 제2차 세계대전 후 휴머니즘에 근거한 노동 과정에 대해 연구했다.

전통을 간직하기 때문에 유대인인 그들에 대해 생각할 여지가 내게는 없다. 나는 오로지 나 자신을 위해서만, 여전히 조심스럽기는 하지만 유대인이라는 것이 기본적인 조건이며, 신이나 역사나 메시아나 민족적인 고려 없이 존재해야 하는 수백만 명에 해당하는 동시대인들을 위해서만 이야기할 수 있을 뿐이다. 그들에게나 나에게 유대인이란 사실은 어제의 비극이 우리 내부에서 지속되고 있음을 느끼게 한다. 내 왼쪽 팔 아랫부분에는 아우슈비츠 수감 번호가 새겨져 있다. 그것은 모세오경이나 탈무드에 비할 바가 못 되지만, 그보다 더 근본적인 정보를 준다. 그것은 유대적 삶의 기본 공식보다 더 구속력이 있다. 나를 자신들과 같은 사람으로 보지 않는 종교적이고 민족적인 유대인을 비롯하여 세상을 향해 "나는 유대인이오."라고 말한다면, 그것으로 아우슈비츠 수감 번호로 요약되는 현실과 가능성을 의미한다.

수용소에서 풀려난 후로 20년이 흐르는 동안 나는 삶의 긍정적인 규정이 중요한 것은 아니라는 인식에 서서히 도달했다. 유대인이란 다른 사람들에 의해 유대인으로 취급되는 사람이란 것을 한때 사르트르가, 그리고 나중에는 막스 프리슈[12]가 《안도라 Andorra》(1961)에서 극적으로 표현했다. 그것을 수정할 필요는

---

12 Max Frisch(1911~1991). 스위스의 극작가 · 건축가. 희곡 《안도라》에서 유대인 박해 문제를 다루었으며, 현대인의 인간성 상실에 주목한 작품을 주로 발표했다.

없지만 얼마간 보충할 수는 있을 것이다. '안도라'에서 기꺼이 목수가 되고 싶어 했음에도 사람들이 장사꾼으로 만들려 했던 그 불쌍한 주인공에게 했던 것처럼, 다른 사람이 나를 유대인으로 규정하지 않은 때라 하더라도, 나는 단지 주변이 나를 비유대인으로 힘주어 주장하지 않았다는 단순한 사실로 인해 유대인이다. 무엇이라는 것은 다른 무엇이 아니라는 것을 말한다. 비유대인이 아니라는 것으로 나는 유대인이고, 유대인이어야 하고, 유대인이 되기를 원해야 한다. 나는 그것을 받아들여야 하고, 나의 일상생활에서, 잡화점에서 유대인에 대해 어리석은 이야기들이 오갈 때, 나 자신을 밝히면서 그 대화에 끼어들어야 하는지, 라디오의 한 익명의 청취자에게 답을 해야 하는지, 잡지에 글을 기고해야 하는지를 결정해야 한다.

그러나 유대인이라는 것은 내가 어제 일어난 파국, 그리고 내일 배제할 수 없는 파국을 내 속에 지니고 있다는 것만을 의미하지 않기 때문에 끝나지 않는 **공포**이기도 하다. 매일 아침마다 일어나면서 나는 내 팔의 아랫부분에 있는 아우슈비츠 수감 번호를 본다. 그것은 내 존재의 얽혀 있는 마지막 뿌리를 건드린다. 그것이 나의 전 존재인지 아닌지는 확실치 않다. 그것은 경찰이 휘두른 주먹에서 최초의 일격을 느꼈던 과거와 비슷하게 작용한다. 나는 매일 새롭게 세계에 대한 신뢰를 잃어버린다. 긍정적인 규정성이 없는 유대인, 우리가 한때 위로하기 위해 그렇게 불렀던 파국의 유대인은 세계에 대한 신뢰 없이 눈을 떠야 한다. 이웃 여인이 나에게 친절하게 인사한다. "봉주르 무슈." 나는 모자를 벗고, "봉주르 마담." 하고 답한다. 그러나 마담과 무슈는 두 개의 행성만큼이나 떨어져 있다. 왜냐하면 그 마담은 어제 사람들이 그 남자를 끌고 갈 때 외면했으며, 그 남자는 떠나가는 자동차의 창살 달린 창문으로, 유대인에게는 영원히 닫혀 있는 맑고 강한 하늘에서 내려온, 돌로 된 천사 같은 그 여자를 바라보았기 때문이다. 나는 '주민la population'에게 특정한 행동을 요구하는 관청의 공고문을 읽는다. 쓰레기통은 제때 비울 것, 민족 국경일에는 국기를 달 것. 주민, 그것은 카프카의 성처럼 내가 도달할 수 없는 너무나도 초지상적인 제국이다. 주민은 어제 나를 숨겨주기에는 너무나 두려워했고, 내일 내가 문을 두드릴 때 그들이 더 많은 용기를 낼지는 유감스럽지만 확실치 않기 때문이다.

파국이 끝난 후 20년이 지났다. 우리 같은 사람에게는 명예로운 시간이었다. 넘쳐나는 노벨상 수상자, 프랑스 총리의 이름은 르네 메이에르René Mayer, 피에르 망데-프랑스Pierre Mendès-France였고, 미국의 골드버그라는 이름의 유엔 대사는 품위 있게 미국식 반공주의적 애국심을 추구한다. 나는 그 평화를 믿지 않는다. 인권선언, 민주적 헌법 절차, 자유세계와 자유 언론, 그 어떤 것도 내가 1935년에 깨어났던 그 꿈으로 다시 편안하게 잠들게 하지 못한다. 유대인인 나는 커다란 고통을 주진 않지만 분명 치명적으로 끝날 고통을 가진 환자처럼 세상을 지나간다. 그는 항상 그 병에 시달리지는 않는다. 그가 페르귄트[13]처럼 자신의 자아를 양파껍질 벗기듯 벗길 때, 그는 어떤 사악한 것도 발견하지 못한다. 처음으로 학교에 들어간 것, 첫사랑, 처음으로 읊은 시 구절. 그것들은 악惡과는 아무런 관련성이 없었다. 그러나 지금은 그가 재단사, 서기 혹은 시인이기 이전에, 그것보다 더 깊은 환자이다. 그래서 나는 내가 그것이 되기 이전에는 그것이 아니었기 때문에 내가 아닌 것이 되었다. 그것은 바로 유대인이었다. 환자는 죽음에서 달아날 수 없는 사실이 나를 위협했다. 봉주르 마담, 봉주르 무슈, 그들은 서로 인사한다. 그러나 그 여자는 스스로 그 병으로 죽을 만큼 아프면서까지 병든 환자에게서 그 질병을 치유해 주지는 못한다. 그래서 그들은 낯설게 남아 있다.

세계에 대한 신뢰 없이 나는 유대인으로 내 주변에 대해 낯설고 고독하게 서 있고, 내가 할 수 있는 것은 단지 낯설음에 적응하는 것이다. 나는 낯설음을 내 성격의 본질적 요소로 받아들여야 하고, 양도할 수 없는 소유물처럼 간직해야 한다. 나는 여전히, 그리고 매일같이 다시 고독 속에서 나를 발견한다. 나는 어제의 살인자들과 내일의 잠재적인 침입자들을, 그들의 범행을 도덕적인 진리 속으로 끌고 들어올 수는 없다. 세상은 그 점에서 나를 도와주지 않았기 때문이다. 그래서 나는 이전에 고문을 받았을 때처럼 혼자 있다. 내 주변에 있는 사람들은 당시의 가

---

13 헨리크 입센의 《페르 귄트》에 등장하는 주인공 이름.

해자처럼 반인간Gegen-Mensch으로 보이지는 않는다. 그들은 나와 내 옆으로 스며들어오는 위험에 사로잡히지 않은 옆사람Neben-Mensch이다. 나는 인사를 하며 적대감 없이 그들 옆을 지나간다. 나는 그들에게 의지할 수 없고, 오로지 나의 짐이자 나의 지지대인, 긍정적으로 규정할 수 없는 유대인이란 존재에 의지할 수 있을 뿐이다.

여전히 철회되지 않은 사형선고를 내가 사회적 현실로 받아들이는 세계와 나 사이에 하나의 공통점이 있다면 그것은 논쟁에서 드러난다. 너희는 듣고 싶지 않은가? 들어보라! 너희들의 무관심이 너희 스스로와 나를 매시간 어디로 다시 끌고 갈 수 있는지 알고 싶지 않은가? 나는 그것을 말하려 한다. 무슨 일이 일어났는지는 너희에게는 중요하지 않을 것이다. 너희는 알지 못했고, 너무 어렸거나 혹은 아직 세상에 태어나지도 않았는가? 너희는 봤어야만 했고, 너희의 젊음은 면죄부가 아니며, 너희 아버지와의 관계를 단절시킨다.

나는 원한을 분석할 때 이미 잠시 제기했던 물음을 다시 한번 제기해야 한다. 나는 어쩌면 심리적으로 병들었고, 치유할 수 없는 고통, 히스테리에 시달리고 있는가? 그 질문은 단지 수사적일 뿐이다. 나는 오래전에 그에 대한 최종적으로 유효한 대답을 내렸다. 나는 나를 괴롭히는 것이 노이로제가 아니라 정확히 성찰된 현실임을 안다. "뒈져라!"라고 외치는 소리를 들었을 때, 아니면 "유대인들에게는 항상 미심쩍은 구석이 있어, 그렇지 않으면 그들을 그렇게 모질게 다루지는 않았을 거야."라고 사람들이 하는 말을 지나가면서 들었을 때, 그것은 결코 히스테리에 의한 환청이 아니었다. "사람들이 그들을 붙잡아 가는군, 그걸 보면 저들이 무슨 일을 저질렀음에 틀림없어."라고 빈에서 한 사회민주주의 노동자의 반듯한 아내가 말했다. "사람들이 거기서 유대인들을 얼마나 잔인하게 다루던지. 하지만 결국은……."인간적이고 애국적으로 생각하는 브뤼셀의 한 남자는 결론을 내렸다. 나는 내가 정상이 아니거나 정상이 아니었던 것이 아니라 노이로제가 역사적인 사건의 편을 들고 있다는 결론에 이르러야 한다. 실은 다른 사람들이 정신병자이고, 정신이 멀쩡한 나는 정신병원으로 끌려갔다가 갑자기 의사와 간수들을 시야에서 잃어버린 채 어쩔할 바를 모르고 서 있다. 그러나 정신병자라는 판단이 내게 내려졌고, 그것은 매 순간 집행될 수 있고 완전한 구속력을 가지는데, 나의 정신이 멀쩡하다는 것은 전혀 중요하지 않기 때문이다.

이 같은 생각은 끝나간다. 내가 이 세상에서 어떻게 움직이는지를 기술했으니 나의 조상인 유대인에 대해 어떤 관계를 가지는지를 말할 시간이다. 그들이 정말로 나와 인척 관계에 있을까? 인종학자가 나의 외적인 특징에서 이런저런 유대적 형질을 확인할 수 있다고 하는 것은 내가 유대인을 추적하는 무리 속에 들어 있을 때나 중요할 수 있다. 하지만 내가 혼자라면 혹은 유대인 사이에서 혼자라면 그것은 아무것도 아니다. 내가 유대인의 코를 가졌는가? 그것은 박해가 시작될 때는 불행이 될 수 있었다. 그러나 그것은 세상에 있는 단 한 사람의 다른 유대인 코에 나를 연결하지 않는다. 내가 유대인의 외적인 이미지를 가지고 있는지 없는지는 모르겠지만, 그것은 다른 사람의 일이었고, 그들에 의해 만들어진 나에 대한 객관적인 관계 속에서 비로소 내 것이 되었다. 요한 폰 레어스[14]의 《유대인이 너를 바라본다Juden sehen Dich an》(1933)에 묘사된 것처럼 내가 그렇게 보인다면, 그것은 내게 주관적인 현실을 가지는 것이 아니고, 하나의 운명 공동체, 곧 나와 나의 유대인 이웃 사이에 긍정적인 커뮤니티를 만들지도 않는다. 단지 정신적인 것, 제대로 말하면, 의식 속에서 인지된 유대인들의 관계, 유대성과 나 사이의 관계만이 남아 있다.

그것이 어떤 관계도 아니라는 것을 나는 애초에 인식했다. 나는 유대인으로서의 유대인과 거의 아무런 관계도 갖지 않는다. 언어도, 문화적인 전통도, 어린 시절의 기억도. 오스트리아의 포어아를베르크에 여관 주인이자 정육업자인 한 사람이 살았는데, 사람들은 그가 유창하게 히브리어를 구사했다고 말했다. 그가 나의 증조부였다. 나는 그를 본 적이 없었고, 그가 세상을

---

14 Johann von Leers(1902~1965). 오마르 아민Omar Amin이라는 필명으로 잘 알려져 있다. 나치에 가입, 반유대주의와 인종주의적 색채를 강하게 드러낸 작품을 발표했다. 이후 이탈리아와 아르헨티나를 거쳐 이집트에 정착한 후, 이슬람교로 개종하고 반유대주의, 반이스라엘주의 활동을 계속했다.

떠난 것은 백 년이 다 되어간다. 유대적인 것이나 유대인에 대한 나의 관심은 파국 이전에는 너무 적어서, 당시의 지인들은 좋은 뜻에서라도 우리들 가운데 누가 유대인이고 누가 아닌지 알지 못할 정도였다. 내가 유대인의 역사에서 나의 역사를, 유대인의 민요 속에서 나의 개인적인 회상거리를 찾으려 해도 아무 소용이 없었을 것이다. 내가 나의 자아를 알아가던 시기에 돌아가던 주변 세계는 유대적인 것이 아니었고, 그것은 번복하게 하지도 않는다. 그러나 유대적 자아를 찾는 것이 결실을 얻지 못했다 해도 나와 위협받는 세계의 유대인과의 결속에 결코 방해 요소로 작용하지 않았다.

모스크바에서 불법 영업하는 한 빵집에서 발효시키지 않은 유대식 부활절 빵이 발견되었고, 그 주인이 체포되었다는 신문 기사를 읽는다. 나는 유대인의 명절 음식인 마조트Mazzoth에 대해 크네케브로트Knäckebrot[15] 만큼의 관심도 없다. 그럼에도 불구하고 소비에트 연방 당국의 이런 처사는 나를 불안하고 격분하게 만든다. 미국의 한 컨트리클럽이 유대인을 회원으로 받아주지 않는다는 말을 나는 듣는다. 나는 그런 황당한 모임에 끼고 싶은 마음은 추호도 없지만, 가입 허가를 요구하는 유대인의 문제는 나의 문제가 된다. 아랍의 한 국가원수가 이스라엘을 지도에서 삭제할 것을 요구했다는 사실은 나의 골수까지 파고드는

---

15 가장 일반적인 유럽식 빵의 일종.

데, 비록 내가 이스라엘이란 나라를 한 번도 방문한 적이 없고, 거기서 살고 싶은 생각은 더군다나 없지만 말이다. 자유와 동등권이 위협받는, 심지어는 신체적 존재를 위협받는 모든 유대인과의 연대 또한 반유대주의를, 사르트르에 따르면 하나의 견해가 아니라 인종청산Genozid이라는 범죄를 저지를 성향이자 준비 태세인 반유대주의에 대한 반작용만을 뜻하는 것이 아니다. 그것은 내 인격의 일부를 만들고 존엄성을 되찾기 위한 투쟁에서 무기가 된다. 나는 긍정적 특성이란 의미에서 유대인이 아니지만, 유대인에 대한 세계의 판단을 인식하고 받아들임으로써 유대인일 때 비로소, 그리고 결국은 역사적인 소명 과정에 함께 관여할 때 비로소 나는 자유라는 단어를 말할 수 있다.

위협 앞에서의 연대란 신앙이 있든 없든, 민족적으로 생각하든 혹은 동화될 준비가 되었든, 나를 나의 동시대적 유대인들과 연결시키는 모든 것이다. 그것은 그들에게는 별것 아니거나 전혀 아무것도 아닐 수도 있다. 그러나 나를 존속시키기 위해서는 그것은 많은 것을, 어쩌면 프루스트의 책에 대한 나의 이해나 슈니츨러의 이야기에 대한 나의 애착, 또는 플랑드르 지방의 풍경에 대한 나의 기쁨보다도 더 많은 것을 의미한다. 프루스트와 슈니츨러, 그리고 북해의 바람에 가지를 숙이는 포플러 나무가 없다면 나는 지금보다 더 가난했겠지만, 그러나 여전히 나는 한 인간이다. 하지만 위협당하는 사람들의 소속감 없이는 나는 현실 앞에서 스스로 포기한 도망자일 뿐이다.

나는 힘주어 현실을 말한다. 결국 그것이 내게 중요하기 때문이다. 나를 유대인으로 만들었던 반유대주의가 하나의 망상일수 있다는 것은 여기서는 논란의 대상으로 삼지 않겠다. 그러나반유대주의가 망상이든 아니든, 어쨌거나 역사적이고 사회적인현실임은 분명하다. 나는 실제로 아우슈비츠에 있었던 것이지,힘러의 환상 속에 있었던 것이 아니다. 그리고 힘러가 여전히 현실이라는 사실을 부인하는 것은 사회적·역사적 맹목성일 뿐이다. 나치 전범들이 처벌을 받지 않았거나 우스꽝스러울 정도로가벼운 자유형을 선고받고서도, 그중 대부분은 형을 삼분의 일도 채 살지 않았던 핵심 국가인 오스트리아와 독일에서 반유대주의는 현실이다. 유대인을 관용하지만, 그들을 떨쳐버릴 수 있다면 더 행복할 것이라고 여기는 영국과 미국에서 반유대주의는 현실이다. 그것은 반反시온주의적 아랍 민족국가에서는 현실이다. 그것은 현실이고, 가톨릭교회의 정신적 세계에서는 너무나도 심각한 현실이다. 이른바 유대인 해결책[16]에 대한 공의회의복잡하고 혼란스러웠던 태도는 수많은 교회 성직자의 명예로운등장에도 불구하고 민망할 정도로 수치스러웠다.

나치가 운영한 죽음의 공장에서 유대인 박해라는 역사적 드

---

16 1941년 나치당에 의해 내려진 '유대인 문제의 최종 해결안'Endlösung der Judenfrage을 말한다. 이 해결안에 따라 유럽 내의 모든 유대인은 홀로코스트로 보내지게 되고, 1945년 전쟁이 끝날 때까지 체계적으로 살해되었다.

라마의 마지막 장이 공연되었고, 그것으로 끝났다고 생각해서는 결코 안 된다. 반유대주의의 연출은 계속해서 존재할 것이다. 유대인에 대한 새로운 집단 파괴의 가능성을 배제할 수 없다. 오늘날 동서양 양쪽에서 입수한 무기로 지원을 받은 아랍 국가들이 작은 이스라엘에 대한 전쟁에서 전면적인 승리를 거둔다면 무슨 일이 일어날까? 군사적 파시즘에 빠진 미국은 흑인뿐 아니라 유대인에게 무엇을 의미할까? 프랑스에서 드골이 승리하지 않고 비밀무장조직OAS이 승리했더라면, 현재 유럽에서 유대인이 가장 밀집해 있는 이 나라에서 유대인의 운명은 어떻게 되었을까?

나는 젊은 네덜란드계 유대인의 한 연구에서 유대인에 대해 다음과 같이 정의한 것을 읽으면서 약간의 거부감을 느낀다. "유대인은 한 번도 박해를 당해 보지 않은 이웃 주민보다 더 많은 불안과 불신, 불쾌감을 가진 사람으로 일컬어질 수 있다." 짐짓 옳아 보이는 이 같은 개념 규정은 다음과 같은 빼놓을 수 없는 사실을 간과했기 때문에 잘못되었다. "유대인은 항시 새로운 파국을 맞을 충분한 근거를 가진다."는 사실 말이다. 모든 것은 지나간 것에 대한 의식과 지상의 새로운 파국에 대한 타당성 있는 두려움으로 모아진다. 내면에 두 가지를 다 가지고 있는 나는 (나는 단지 우연히 전자에서 빠져나왔기 때문에, 후자에 대해서는 이중으로 부담을 느끼면서) 트라우마를 지닌 것이 아니라, 정신적으로나 심리적으로 온전하게 현실을 바라보고 있다. 파국으로서의 유대인이라는 나의 존재 의식은 이데올로기가 아니다. 그것은 마르크스가 19세기 프롤레타리아에게서 벗겨내려고 했던 계급의식과 비교할 수 있다. 나는 나의 실존 속에서 내 시대의 역사적 현실을 체험하고 밝혀낸다. 그리고 대다수의 동족보다 그것을 더 깊이 체험했기 때문에 나는 더 잘 설명할 수 있다. 그것은 업적이나 영리함 때문이 아니라 우연한 운명에 의한 것일 따름이다.

다른 유대인들과의 나의 유대가 반란적인 결속력 속에서 소진되지 않는다면, 강제성이 항상 불가능성에 부딪치지 않는다면 모든 것을 더 쉽게 견딜 수 있을 것이다. 나는 그것을 너무나도 잘 안다. 나는 아널드 쇤베르크[17]의 〈바르샤바의 생존자〉 공연 때 한 유대인 친구 옆에 앉아 있었다. 트럼펫 소리에 맞추어 합창단이 '이스라엘이여, 들을지어다 Schʾma Israel'[18]를 연주하기 시작하자, 내 친구는 석회석처럼 창백해지고 이마에는 구슬땀이 맺혔다. 내 심장은 빨리 뛰지는 않았지만, 나는 트럼펫 소리에 맞춰 합창한 유대인의 기도에서 충격을 받은 동료보다 더 곤궁하게 느꼈다. 나중에 생각한 것은 나는 감동 속에서는 유대인이 될 수 없고 오로지 두려움과 분노 속에서만, 존엄성에 도달하기 위해 공포가 분노로 변할 때만이 유대인이 될 수 있다는 것이다. '이스라엘이여, 들을지어다!'는 내게는 아무런 의미도 없다.

---

17 Arnold Schönberg(1874~1951). 오스트리아의 작곡가. 무조無調주의 음악을 통해 20세기 전위적 음악을 개창했다는 평가를 받았다.

18 유대인들이 아침, 저녁으로 올리는 기도문의 한 구절.

오로지 '세상이여, 들을지어다!'라는 외침이 분노에 차서 내 속에서 터져 나왔다. 내 팔 아랫부분에 새겨진 여섯 자리의 번호가 그것을 원한다. 내 존재의 지배적 특징인 파국의 감정이 그것을 요구한다.

나는 공포와 분노의 긴장 속에서 인간적으로 살 수 있는지를 나 자신에게 종종 질문했다. 이 같은 생각을 좇는 사람은 복수심이 아니라면 어쨌거나 불쾌감에서 괴물 같은 인간이 될 것이다. 그런 판단에 진실의 흔적이 있을 수 있지만, 단지 하나의 흔적일 따름이다. 내게 부가된 조건 아래에 나와 같은 방식으로 유대인이기를 시도하는 사람, 파국에 의해 규정된 자신의 존재를 밝히면서 이른바 유대 문제의 현실을 긁어모아 하나의 형태를 만들려고 하는 사람은 순진하지 않다. 그의 입술에서는 인간적인 꿈이 흘러나오지 않는다. 그 사람은 관대한 태도를 보이는 데 서투르다. 그럼에도 불구하고 공포와 분노 때문에 그가 윤리적으로 서두르는 동시대인들보다 덜 성실하다고는 말할 수 없다. 그는 친구를 가질 수 있고 친구를 가지고 있다. 심지어는 그를 공포와 분노 사이에서 그네를 타듯 영원히 오가도록 만든 민족 중에서도 친구를 가질 수 있다. 그는 책을 읽을 수 있고, 피해를 입지 않은 사람만큼 감수성을 가지고 음악을 들을 수 있다. 도덕이 문제가 되면 그는 아마도 모든 종류의 불의에 대해 자신의 이웃보다 더 예민하게 반응할 것이다. 구타하는 남아프리카 경찰들의 사진이나 흑인 시민권을 위해 투쟁하는 사람을 좇도록 사납게 짖어대는 사냥개를 내모는 미국 보안관의 사진을 보며 그는 훨씬 격렬하게 반응한다. 나는 인간이 되기가 어려웠기 때문에, 그 어떤 비인간도 되지 않았다.

결국은 동요하는 불안, 때로는 강하게, 때로는 약하게 느껴지는 불안이 내가 함께 시간을 보냈던 다른 사람과 나를 구분한다. 그러나 그것은 **사회적** 불안이지 형이상학적 불안은 아니다. 나를 괴롭히는 것은 존재나 무, 혹은 신이나 신의 부재가 아니라 오로지 사회이다. 그것이, 그것만이 내게 실존적 균형감을 파괴할 수 있고, 나는 그 같은 파괴에 저항해 똑바른 걸음을 유지하려고 애를 쓴다. 사회, 오로지 그것만이 내게서 세계에 대한 신뢰를 앗아갔다. 형이상학적 고뇌는 지고의 위상을 가진 고상한 염려이다. 형이상학적 고뇌는 그들이 누구인지, 그들이 무엇인지, 그들은 왜 그런지, 혹은 그들은 그래도 되는지를 언제나 알고 있던 사람들 것이다. 나는 그 고민을 그들에게 넘겨주어야 한다. 그것은 내가 그들 앞에서 열등하게 느껴서가 아니다.

희생자의 기본 조건을 연구하려는 나의 부단한 노력에서, 유대인이 되어야 하는 강제성과 불가능성 사이의 갈등에서 나는 우리에게 제기되는 가장 극단적인 요구와 요청이 물리적이며 사회적인 성격을 띤다는 것을 경험했다고 믿는다. 그 같은 경험이 나를 깊고 고상한 사변을 위해서는 쓸모없는 인간으로 만들었다는 것을 나는 안다. 그러나 그것이 세계를 인식하기 위해 나를 더 잘 무장하도록 만들었기를 바란다.

파국의 철학과 원한의 수사

　　　　　전후 독일 사회가 당면했던 가장 큰 과제는 경제 부흥과 과거사 청산이었다. 그중 과거사 청산과 관련하여 가장 곤혹스럽고 지우고 싶었던 부분은 죽음의 공장이라 불렸던 집단 수용소의 존재였다는 사실에는 이론의 여지가 없다. 세상이 다 알고 있었음에도 불구하고 민족사회주의 독일이 함구했던 집단 수용소와 절멸 수용소의 실체는 전쟁이 끝나자 생존자들의 증언에 의해 그 모습이 속속 드러났고, 이른바 문명국가였던 독일에서, 유럽의 한복판에서 벌어진 그 엄청난 사건은 유대 민족 역사의 최대 비극이었을 뿐 아니라 인류 전체에 행해진 범죄로 칭해졌다. 그 후 아우슈비츠로 표상되는 이 현상을 설명하려는 수많은 시도에도 불구하고 그 어떤 것도 완전한 설득력을 갖지는 못했다. 그 사이 아우슈비츠에 관한 문헌이나 사진 자료, 영화, 그 밖의 기록들은 넘치도록 많아서 이 주제를 다루는 것 자체가 오

히려 진부하고 식상하게 여겨질 정도이다. 이 같은 모순적 상황
은 문제의 복잡성을 단적으로 말해 주는 것이기도 하다.

이 책을 통해 소개된 장 아메리(본명은 한스 차임 마이어,
1912~1978)[1]는 우리나라에는 그다지 알려지지 않았지만, 아우
슈비츠 수용소에서 살아남은 전후의 대표적인 저널리스트이자
작가이다. 국내에 소개된 그의 저서로는 '자유죽음'이란 제목으
로 번역된《자신에게 손을 대다: 자유 죽음론Hand an sich legen: Dis-
kurs über den Freitod》(1976)[2],《늙어감에 대하여 Über das Altern》(1968)
을 꼽을 수 있다. (이는) 같은 시기에 역시 아우슈비츠에서 수감

---

1 오스트리아의 빈에서 태어나 잘츠캄머구트Salzkammergut에서 자란 아메리
  는 이디시어의 존재에 대해 열아홉 살 때 처음으로 알게 되었다고 고백할 만
  큼 유럽 문화에 철저히 동화되어 살았다. 그러나 1935년에 발표된 뉘른베르
  크 법에 따르면 그는 유대인이었고, 그 법이 자신을 겨냥하고 있음을 직감했
  다고 한다. 1938년 오스트리아가 독일에 합병되자 벨기에로 이민을 갔지만,
  거기서 '적색 외국인'으로 분류되어 프랑스의 귀르 수용소에 수감되었다가
  탈출했다. 벨기에로 돌아온 그는 반나치즘을 위한 레지스탕스 운동에 참여하
  다가 체포되었다. 그 후 아우슈비츠를 비롯하여 부헨발트와 베르겐-벨젠 등
  여러 수용소를 거쳐 전쟁이 끝나자 벨기에로 다시 돌아와 작가이자 저널리
  스트로 활동하다가 1978년 '자유 죽음'을 택했다. 1955년에는 이름을 '장 아
  메리'로 바꾸었다. 아메리는 마이어의 철자를 뒤집어 쓴 것으로, 이처럼 이름
  을 바꾼 것은 세상이 자신의 정체성을 포기하도록 강요했음을 보여주기 위
  한 일례이다.
2 장 아메리,《자유죽음》, 김희상 옮김, 산책자, 2010. 이 책은 같은 역자에 의해
  2022년 위즈덤하우스 출판사에서 재출간되었다.

되었다가 살아남은 이탈리아 출신 유대 작가 프리모 레비[3]의 작품이 국내에 다수 번역되었고, 폭넓은 독자층을 형성하고 있는 것과는 대조적이다. 역시 같은 시기에 아우슈비츠에 머물렀던 오스트리아계 유대인 심리학자 빅토어 프랑클의 인지도와도 현격히 차이가 난다.

아메리가 우리나라에서뿐 아니라 서구에서도 오랫동안 주목을 받지 못한 이유는 무엇일까? 1912년에 출생한 그는 이른바 '잃어버린 세대'에 속한다. 이를테면 나치즘이 출현했을 무렵 그는 작가로서의 명성을 얻기에는 아직 너무 젊었고, 전쟁의 악몽과 그 후유증에서 어느 정도 벗어났던 때는 문인으로 등단하기에 이미 너무 나이가 많았다. 천신만고 끝에 살아나온 수용소와 고문에 대해 20년이 넘게 침묵하고 있다가 그 후에 발표된 가차 없는 기록들은 그 어떤 공감이나 위로도 단호히 거부하는 것처럼 보인다. 독자들의 기대나 시대의 흐름과 타협하지 않는 이 같은 태도가 그가 일반인들 사이에서 자주 거론되지 않은 하나의 이유로 작용했을 수도 있다. 또한 그가 작가로 활동했던 시기가 1966년에 《죄와 속죄의 저편》이 출판된 후부터 1978년 '자유 죽음'을 맞이할 때까지로 그다지 길지 않았다는 점도 들 수 있다.

---

3 프리모 레비, 《이것이 인간인가》, 이현경 옮김, 돌베개, 2007; 《주기율표》, 이현경 옮김, 돌베개, 2007; 《휴전》, 이소영 옮김, 돌베개, 2010. 무엇보다 재일 저술가 서경식의 《시대의 증언자 쁘리모 레비를 찾아서》(창비, 2006)가 일반인들이 레비를 이해하는 데 결정적인 역할을 했다.

그러나 2002년 아메리의 전집이 총 9권으로 완간되고, 자신의 책 제목처럼 '자유 죽음'을 택한 그의 삶이 다시 조명을 받으면서 최근 세계 여러 곳에서 그에 관한 심포지엄과 전시회 등이 열리는 등, 이른바 '아메리 르네상스'가 일고 있다.

1. 파국의 철학

'자살 작가Selbstmorddichter', '불가지론자Agnosistiker', '세상에 대한 신뢰가 없는 사상가Denker ohne Weltvertrauen', '잃어버린 세대verlorene Generation' 등은 아메리의 삶과 사상을 말해 주는 핵심어들이다. 그와 더불어 아메리의 사상을 한마디로 '파국의 철학'이라 부를 수 있는 것은 나치 희생자로서 온몸으로 겪었던 파국의 체험이 그의 삶과 사상 속을 깊이 관통하고 있기 때문이다.

파시즘 야만이 불러온 유례없는 파국에 대한 체험은 실은 아메리뿐 아니라 많은 유대계 지식인에게 공통적으로 나타나는 현상이다. 예컨대 1938년에 미국으로 망명한 테오도어 아도르노는 나치에 의해 비롯된 파국에서 출발하여 "왜 고통이 유발되고 지속되는가?"라는 물음을 자신의 철학적인 근본 물음 중의 하나로 삼았다.[4] 이 물음과 관련하여 그는 나치의 출현과 총체

---

4 이종하, 《아도르노 고통의 해석학》, 살림, 2007, 53쪽.

적 지배, 나아가서는 인류 고통의 문제를 문명사적 관점에서 설명하려 했고, 반유대적 나치즘의 원인을 문명에 필연적으로 내재해 있는 파괴적 속성에서 찾았다. 따라서 아도르노는 반유대적 나치즘을 독일이 단독적으로 행한 특수한 사건으로 보지 않을 뿐 아니라 문명의 발전과정에서 발생하는 우연한 '업무 재해Betriebsunfall'로 보지 않는다. 그는 이 파괴적 성향이 자연 지배를 가능케 한 이성과 그러한 이성에 내재하는 이성 자체의 비합리성에서 유래한다고 보기 때문이다. 그 비합리적 지배의 최정점이 다름 아닌 나치즘에 의한 유대인 민족 학살이라는 것이다.

이렇게 본다면 나치스트들은 자연을 지배하는 도구적 이성의 대변자인 동시에 이성을 총체적 지배의 도구로 만드는 빈틈 없이 계몽된 자들이라는 것이 아도르노의 논지이다. 이로써 르네상스 이래 축적되어온 계몽주의적 인간관이 철저하게 분쇄되었는데, 그것은 외부의 힘에 의해서가 아니라 유럽 내부에서 나온 자기파괴이기 때문이다.[5]

파국의 체험과 관련하여 한나 아렌트는《예루살렘의 아이히만Eichmann in Jerusalem》에서 "존경받을 만한 사회에서 발생한 전반적인 도덕의 붕괴"를 언급하면서, "20세기 전체주의로 결정화된 사건은 새롭고 전례 없는 형태의 체제를 실현했다. 그 체제는 총체적 테러에 의한 총체적 지배를 달성하는 데 열성적이었다. 이

---

5 프리모 레비,《이것이 인간인가》, 돌베개, 2007, 336쪽.

새로운 전체주의 체제는 인간을 불필요하게 만들고 나아가 인간성을 말살하려고 시도하는 근본악이라는 심연을 우리 앞에 펼쳐놓았다."[6]라고 말한다.

집단 학살, 조직적인 고문과 테러, 무고한 사람이 겪어야 했던 대규모의 고통 등은 이전 역사에도 있었다. 그러나 아렌트는 나치에 의한 전체주의적 파국은 사람들의 인간성을 말살하려고 시도했다는 데 있으며, 바로 그것이 나치의 범죄를 인간성에 대한 범죄라고 부를 수 있는 이유라고 주장한다. 다양성 · 자발성 · 개별성 속에 존재하는 인간을 불필요하다고 규정하는, 그토록 철저하고 체계적인 시도, 곧 인간의 본성을 바꾸려는 시도는 이전에는 결코 없었다는 것이다.[7]

두 유대 사상가의 사례에서도 드러나는 것처럼, 나치즘으로 인한 파국의 체험이 나치 치하에서 망명을 했거나 홀로코스트를 경험한 유럽 유대인들 대부분에게 해당되는 것이었다면 아메리의 경우에 특별한 것은 무엇인가? 아도르노나 아렌트 혹은 다른 사상가들이 삶과 죽음을 넘나드는 여러 차례의 고비에도 불구하고 망명에 성공할 수 있었고, 그 후 다른 나라에 체류하면서 이 문제에 대해 객관적이고 사변적으로 접근할 수 있었다면, 아메

---

6   리처드 J. 번스타인, 《한나 아렌트와 유대인 문제》, 김선욱 옮김, 아모르문디, 2009, 244쪽에서 재인용.
7   위의 책, 231쪽 이하 참조.

리의 경우는 극단적인 고문을 비롯하여 전쟁이 끝날 때까지 여러 수용소를 전전긍긍하며 민족사회주의의 실상을 온몸으로 겪어야 했다. 그런 까닭에 형이상학적으로나 관조적으로 접근할 여지가 없었던 그에게는 메타 차원의 사유보다 개인적이고 구체적인 체험이 우위를 차지한다는 것은 대단히 중요한 사실이다.

이와 관련하여 아메리는 자신이 몸소 경험했던 파국의 체험이 다른 사람들의 이론 속에서 사변적으로 변하고, 추상적인 개념어가 진짜 공포를 대신할 때 뭔가 비현실적이고 잔혹 동화적인 것이 되어버린다고 말한다. 추상적 사변이 파국의 실제적인 공포를 앗아가고, 이론화된 공포는 실체를 초월한다는 것이다. 따라서 그는 아도르노가 다음 세대의 지식인들에게 빈틈없는 논리로 좌파적 양심을 일깨워 주긴 했지만, 모든 사변이나 은유는 파국의 실제 고통과는 거리가 있다고 믿는다. 그뿐 아니라 아메리는 아렌트가 말하는 '악의 평범성'에 대해서도 동의하지 않는다. 모든 인간을 잉여적 존재로 만드는 전체주의의 근본악은 결코 평범하지 않으며, 이 같은 주장은 악의 현장을 오로지 외부에서 들여다보기 때문에 가능하다는 것이다.

아메리 역시 1933년에서 1945년 사이의 파국이 비슷한 조건 아래에서 어디서나 일어날 수 있는 사건이거나 다른 곳이 아닌 하필 독일에서 일어났다고 주장할 수 없다고 말한다. 고도로 문명화된 민족이 탁월한 조직력과 과학적인 정확함으로 감행한 수백만 명의 살해는, 예컨대 튀르키예인에 의한 아르메니아인들의 살인적인 추방이나 프랑스인들이 아프리카 식민지 원주민에게 행한 잔학 행위와는 비교할 수 없다는 것이다.

제3제국 치하에서 유대인이 겪었던 파국은 개인적 차원에서 보면 세계에 대한 신뢰의 상실로 나타난다. 무엇보다 고문의 체험은 한 사람의 기억에 지워지지 않는 흔적을 남기는데, 한 번의 구타에서 피해자는 이미 세상에 대한 신뢰를 상실하게 되며, 신에 가까운 권력을 행사하는 가해자와 고문 기계 앞에 그 어떤 도움도 기대할 수 없이 내맡겨졌던 사람은 세계에 대한 이전의 신뢰를 다시는 회복할 수 없다고 단언한다.

고문에 시달렸던 사람은 이 세상을 더 이상 고향처럼 느낄 수 없다. 절멸의 수치심은 사라지지 않는다. 부분적으로는 첫 번째 구타에서, 그러나 전체 범위에서는 결국 고문 속에서 무너진 세계에 관한 신뢰는 다시 얻어지지 않는다. 이웃을 적대자로 경험했다는 것은 고문당한 사람 속에는 경악으로 남아 굳어진다. 그 누구도 그것을 넘어 희망의 원칙이 지배하는 세계를 바라볼 수 없다. 고문당한 사람은 속수무책으로 공포에 내맡겨진다. 그 공포는 계속해서 그 사람 위에서 왕홀처럼 흔들린다(〈고문〉 101~102쪽).

2. 정신의 한계와 언어의 단절

1) 파국 앞에서의 정신의 한계

아메리가 20년간의 침묵을 깨고 아우슈비츠 체험에 대한 글들을 발표하는 데는 1963년 프랑크푸르트에서 열렸던 아우슈비츠 재판Auschwitzprozesse이 결정적인 계기가 되었다.[8] 이 재판은 아메리로 하여금 그동안 독일인들이 부인하거나 축소하려고 시도해 온 나치 과거사를 다시금 돌이켜 보게 만들었다.

그는 《죄와 속죄의 저편》에 실린 에세이 중 처음으로 발표한 〈정신의 경계에서An den Grenzen des Geistes〉에서 나치 전체주의에 의한 총체적 파국은 육신의 절멸과 더불어 정신의 무용함을 입증했다고 주장한다. 신앙이나 정치적 신념과는 달리 정신이나 형이상학, 인문적 교양은 수용소라는 극단적 상황에서 아무런 도움이 되지 못했음을 많은 사례를 들어 증언한다.

---

8 나치 전범에 대한 재판은 1950년부터 시작되어 1952년까지 5,678명의 피고인들이 판결을 받았다. 그러나 1954년에 열린 44건의 재판 건수는 1956년에는 절반으로 줄어들었다. 러시아에서 전쟁 포로들이 귀환하면서 새로운 증거들이 나타나면서 대부분의 전범 행위가 처벌받지 않은 채 남아 있고, 가해자들은 아무런 제재 없이 자유롭게 살고 있다는 사실이 드러났다. 이로 인해 1963년부터 1965년 사이에 열린 제1차 아우슈비츠 재판에서 피고인들은 서로에게 유리한 증언을 했고, 대부분의 전범자들은 명령에 따른 복종이었다는 이유로 처벌을 받지 않거나 최소한의 처벌만 받는 데 그쳤다.
Auschwitzprozesse – Wikipediahttps://de.wikipedia.org 참고.

정신의 작용에 관한 모든 질문은 주체가 굶주림과 탈진으로 죽어가면서 탈정신화될 뿐 아니라, 말 그대로의 의미에서 탈인간화되는 곳에서는 더 이상 제기될 수 없다는 것이다(〈정신의 경계에서〉, 41쪽).

이처럼 자유로운 상황에서 인문적 지식인들이 추구하던 초월적이고 선험적인, 미학적이고 관념적인 사유가 극단의 상황에서 아무런 도움이 되지 못할 뿐 아니라 오히려 그것을 뛰어넘는 데 방해가 된다는 객관적 관찰이자 자기고백은 이후 그의 사고의 발전과정에 중대한 영향을 끼친다.

실무적이고 실질적 능력을 가진 사람들은 이런 상황에서 오히려 살아남을 가능성이 높고, 신앙이나 정치적 신념은 생존하기 위해서 나보다 의연하게 죽어가는 데 도움을 주었다는 보고는 다른 생존자들의 기록과도 일치한다. 아메리의 정신의 무력함에 대한 이 같은 인식은 자기 비판적 성격을 띤다. 동시에 그것은 수 세기 동안 유럽 문화 속에 동화되어 살아온 유대 지식인들의 권력 앞에서의 무능함에 대한 비판일 뿐 아니라 서구 지성사 혹은 정신사 전반에 대한 비판이기도 하다. 지성 혹은 정신은 그것의 필요성이 진정으로 요구될 때 한없는 무력감을 드러냈던 것이다. 그것은 한계 상황에서 현실을 극복하기보다는 오히려 더 빨리 좌절하고 결국은 자기파괴의 메커니즘으로 이어졌을 뿐이다.

2) 파국을 통한 언어의 파괴

아메리는 정신의 무력함이 언어의 무력함과 어떻게 연결되는지를 논의한다. 파국은 정신의 파괴뿐 아니라 언어, 특히 모국어의 파괴를 가져온다. 아메리에게 모국어는 문법 없이도 배우는 것으로, "……우리와 함께 성장하고, 우리 속으로 들어와 우리에게 안정감을 보장해 주는 것"이다. 심지어는 언어와 관련하여 곧잘 부정적으로 평가되기도 하는 상투어나 관습적이고 표준화된 표현도 주변 세계에 대한 신뢰감을 갖게 하는 사회적 기능을 가진다.[9]

그러나 한 개인에게 모국어가 금지될 때 우선 소통을 위한 도구를 상실한다. 소통적 언어를 상실할 뿐 아니라 나아가서는 모국어에 바탕을 둔 교양이나 문화는 더 이상 그 자신의 것이 되지 못한다. 이를테면 독일어에 담긴 문화적 유산을 누구보다 많이 간직하고 있는 독일계 유대인 지식인들은 제3제국의 수용소에서 권력의 말단 하수인들에게 언어와 더불어 문화 혹은 교양Bildung을 남김없이 빼앗긴 채 한때 자신들의 모국어였던 독일어가 어떻게 타락해 가는지를 목도해야 했다.

'적의 폭격기Feindbomber', '전쟁 효과Kriegswirkung', '전선초소Frontleitstelle'와 같은 나치의 전쟁 용어나 행정 용어뿐 아니라

---

9 정화열, 〈악의 평범성과 타자 중심적 윤리〉, 한나 아렌트, 김선욱 옮김,《예루살렘의 아이히만》, 한길사, 2006, 25~43쪽, 특히 37쪽.

수감자들이 사용했던 은어적 표현은 적나라한 현실을 반영하는 언어로, 그것이 가지는 연상 작용은 오랜 시간이 지나도록 독일어에 부정적인 영향을 끼치게 된다.[10]

또한 아메리는 제3제국의 망명객들이 외국에서 겪는 언어의 단절에 대해서도 언급한다. 망명 생활에서 느끼는 언어의 빈곤함이 특히 독일어권 출신의 유대인들에게 더 절망적으로 다가오는 것은 자신들을 절멸시키려고 다가오는 적들의 언어(독일어)가 한 인간의 근본적 정체성을 형성하는 고향이나 유년기의 기억 속에 깊숙이 내재해 있기 때문이다.

망명 생활에서 겪는 언어적 어려움은 우선 대부분의 망명객들이 낯선 언어 속에서 최소한의 생존을 위해 투쟁해야 할 뿐 아니라, 독일어를 사용할 경우에도 항상 반복되는 한정된 어휘의 범위를 벗어나지 못한다는 데 있다. 그들의 대화는 같은 처지에 놓인 다른 망명객들과 함께 동일한 대상 주변을, 예컨대 생계의 문제나 체류 허가와 입국허가서, 나아가서는 죽음의 위험한 주변을 맴돌 뿐이다.

따라서 망명객들이 사용하는 언어는 언제나 겉돌 수밖에 없는 국외자의 모방적 언어일 뿐, 자발적이고 창조적 언어의 차원에 이르지 못한다. 그것은 스스로 구사하는 언어가 아니라 흉내

---

10 수감자들이 사용했던 은어로는 'auf Transport gehen'(호송하다), 'organi-sieren'(조직하다), 'Küchenbulle'(급식 담당자) 등을 예로 들 수 있다.

내고 모방하는 언어인 것이다. "우리는 같은 주제, 같은 단어, 같은 문장의 원 속에서 항상 돌고 돌았고, 기껏해야 비굴하게도 우리가 머물던 나라의 언어에서 나온 표현을 대충 빌어옴으로써 우리의 언어를 늘려갔다." 그러나 그 모든 것에도 불구하고 아메리가 변화하는 독일어에 절망적으로 매달렸던 까닭은 아직도 그에게 독일어는 모국어였기 때문이다.

3) 신체 언어

극단의 상황에서 정신이 아무런 지지대가 되지 못하고, 언어 역시 정신적이고 형이상학적·미학적 사유의 담지자 역할은 커녕 일상적인 의사소통의 기능마저 상실하게 될 때, 현실을 인식하고 아직도 살아있음을 인식케 하는 것은 오로지 자신의 신체 혹은 자신의 피부일 수밖에 없다.

용기나 명예 때문이 아니라, 오로지 신체가 우리 자아의 모든 것이고 우리의 전 운명이 되는 삶의 상황이 있다는 것을 이해했기 때문이었다. 나는 내 몸이었고, 그 밖에는 아무것도 아니었다. 굶주림과 내가 당했던 구타와 내가 가했던 구타 속에서 말이다. 피골이 상접한 채, 때가 덕지덕지 눌어붙은 내 몸은 나의 비참함이었다(〈유대인 되기의 강제성과 불가능성에 대해〉, 196쪽).

아메리에 따르면 이때 몸의 경계는 곧 자아의 경계이다. 몸

속에 세상을 새겨 넣음으로써 세상을 체득하고, 몸을 통해 세상과 만나며, 몸과 더불어 세상을 살아간다면 우리는 곧 몸인 것이다. 또한 피부의 표면은 외부 세계로부터 우리를 분리시키는 동시에 우리를 보호한다. 우리가 신뢰감을 가지려면 그 몸의 표면에서 우리에게 친숙한 것을 느낄 수 있어야 한다. 그러나 누군가가 우리를 구타하고 고문한다면, 그 사람은 타인에게 자신의 육체성을 강요하는 것으로, 타인의 신체 혹은 피부를 침범함으로써 상대방을 파멸시킨다. 아메리는 그것을 "두 당사자 중 한 사람의 동의가 없는 성행위, 즉 강간"(eine Vergewaltigung, ein Sexualakt ohne das Einverständnis des einen der beiden Partner)으로 본다.

그러나 아메리는 이 같은 고문과 죽음의 위협 앞에서 자신의 내면성이나 종교적 '환상'으로 도피하기보다는 신체적 반란을 통해 그것에 저항하고자 한다. 추상적이고 내면적인 인간성에 의지하는 것이 아니라 주어진 현실에 반란을 일으키는 동안 비로소 자신을 발견할 수 있기 때문이다.

내 몸은 내려치기 위해 힘을 줄 때 나의 신체적이고 형이상학적 존엄성이었다. 신체적인 폭력 행위는 나와 같은 상황에서 분열된 인격을 복구하기 위한 유일한 수단이었다. 나는 구타를 통해 내가 되었다. 나 자신을 위해서도, 그리고 상대방을 위해서도(〈유대인 되기의 강제성과 불가능성에 대해〉, 196쪽).

이처럼 신체의 언어는 곧 행동의 원칙으로, 저항의 실천으로 연결됨을 보여준다. 여기서 우리는 아메리가 평소 높이 평가하고 여러 차례 인용하는 장 폴 사르트르의 실존적 행동 철학과의 연결성을 확인할 수 있다. 사르트르에 따르면 "현실은 행동속에 있을 뿐"[11]이다.

3. 원한의 수사와 계몽의 언어

1) 원한의 수사

전후 세계의 재편 과정에서 패전국 독일에 대한 처리나 해법은 승전국들에게 무엇보다 중요한 사안이었다. 독일을 계속해서 폐허 상태, 곧 '유럽의 감자밭'으로 남겨 놓을지, 아니면 그 나라가 재건하고 유럽 사회 속에 다시 편입될 수 있도록 도와줄 것인지는 승전국들의 결정권에 놓여 있었다.

이 같은 결정에 있어 나치의 직접적인 피해자였던 유대인들의 태도는 적지 않은 영향을 끼쳤다. 망명을 갔거나 살아남은 유대인들 가운데는 자신들의 편에서 독일과의 화해를 추구하는 사례가 적지 않았다. 이스라엘로 건너가 예루살렘 대학에서 가르

---

11 장 폴 사르트르,《실존주의는 휴머니즘이다》, 왕사영 옮김, 청아출판사, 1989, 39쪽.

쳤던 마르틴 부버, 실존주의 철학자인 프랑스계 유대인 가브리엘 마르셀 등을 대표적인 예로 들 수 있다. 영국계 유대인이자 출판인이었던 빅터 골란츠 역시 그 중 한 사람으로, 그는 나치에 의해 점령당했던 자신들의 영토에서 독일인을 추방하려는 동유럽 국가들의 움직임을 비판했다.[12]

그러나 아메리는 전후 유대인들의 이 같은 화해의 노력에 동참하지 않는다. 그가 이런 관대한 움직임에 대해 신뢰나 동조의 눈길을 보내지 않는 것은 이들이 아우슈비츠를 직접 경험한 피해자들의 고통을 공감하고 공유하는 데는 한계가 있다고 보기 때문이다. 이 같은 배타적 입장으로 그는 제3제국 초기에 이미 독일을 떠나 다른 나라에 머물렀던 유대인이나 독일 지식인들과도 분명한 선을 긋는다.

이와 관련하여 아메리는 네 번째 글인 〈원한Ressentiment〉에서 화해 대신 오히려 원한의 감정과 원한의 수사를 옹호한다. 당시 대부분의 독일인, 나아가 전 세계가 원했던 화해나 용서 대신 원한과 분노를 지속적으로 간직해야 한다고 주장하는 것이다. 이 같은 역설적 주장을 통해 자신이 받게 될 비난이나 질시를 예

---

12 1946년 구조 단체인 'Save Europe Now'를 세웠던 골란츠는 자신의 책《위협받은 우리의 가치들Our Threatened Values》(1946)에서 패배한 독일인에게 가해진 가혹 행위를 인류 양심의 지워지지 않는 수치라고 비판했다. 골란츠의 설득 노력으로 1946년 영국 정부는 패전한 독일 국민에게 생필품을 보내는 것을 금지하는 조항을 철회했다.

상하지 못해서가 아니다.[13] 그는 이 불편한 발언으로 받게 될 질시를 누구보다 잘 인식하고 있었음에도 불구하고 '르상티망'이라는 단어를 포기하지 않으려 한다.

원한이 반자연적일 뿐 아니라 논리적으로도 모순된다는 것을 생각해 보지 않은 것은 아니다. 그것은 파괴된 과거의 십자가에 우리 스스로를 못박는 것이다. 어처구니없게도 되돌릴 수 없는 것이 돌이켜지기를, 일어난 것이 일어나지 않은 것이기를 요구한다. 원한은 애초에 인간적 차원으로의 출구, 미래로의 출구를 막아버린다. 원한에 사로잡힌 사람의 시간 개념은 비틀어져 버렸다는 것, 어긋나 버렸다는 것을 나는 안다. 그것은 지나가 버린 것으로의 회귀와 일어났던 것의 지양이란 두 가지 불가능한 것을 요구한다(〈원한〉 154쪽).

이 같은 시간과 역사의 불가능한 역전Umkehrung을 통해 그

13 예컨대 에드워드 사이드Edward Said는 《문화와 제국주의》에서 "역사적 경험을 분석한다 해도 그 근본에 반사회적 배타적 태도가 있다면, 이는 용인하기 어려운 모순이라 하지 않을 수 없다. 그 배타적 태도란, 가령 여성만이 여성의 경험을 이해할 수 있다든가, 유대인만이 유대인의 고난을 이해할 수 있다든가, 과거에 식민지였던 나라에 살았던 사람들만이 식민지 경험을 이해할 수 있다고 하는 것이다"라고 규정한 바 있다. 에드워드 사이드, 《문화와 제국주의》, 박홍규 옮김, 문예출판사, 2005, 97쪽 참조.

가 실제로 원하는 것은 시대의 도덕성이다. 아메리가 인용했듯이, 프리드리히 니체는《도덕의 계보》에서 원한에 대해 언급한 바 있다.[14] 아메리는 한편으로는 원한을 부정적으로 낙인찍은 니체에 대해, 다른 한편으로는 원한을 오로지 갈등을 일으키는 저해 요소로만 평가하는 막스 셸러와 같은 현상학적 심리학자들의 이론에 이의를 제기한다. 고상하고 건강하고 긍정적인 '주인 도덕Herrenmoral' 대신 정정당당하지 못하고 음험한 원한을 '노예 도덕Sklavenmoral'이라 부른 니체나 그의 이론을 발전시켜 원한을 자연스러운 감정의 왜곡이자 마조히스트적인 복수욕으로 보는 셸러의 이론을 비판의 대상으로 삼으면서, 이들이 당대의 심리학에 끼칠 이데올로기적인 영향력을 간파한다. 이는 원한 감정의 부정은 곧 과거에 대한 망각의 메커니즘으로 이어질 수 있기 때문이다.[15]

---

14 프리드리히 니체,《도덕의 계보》, "……원한은 원래의 반응, 행위의 반응이 좌절될 때, 오로지 상상적인 복수를 통해 스스로를 무해하다고 여기는 속성을 지닌다. ……원한을 가진 사람은 솔직하지도, 순진하지도, 자신에게 성실하지도, 직선적이지도 않다. 그의 영혼은 곁눈질을 한다. 그의 정신은 은닉처와 뒷문을 좋아한다. 모든 숨겨진 것은 원한을 자신의 세계로, 자신의 안전과 청량제로 느낀다……." (여기서는 아메리에 의해 인용된 부분을 반영함.)
15 아메리와 함께 아우슈비츠-모노비츠에 수감되어 있었던 레비 역시《이것이 인간인가》에서 다음과 같이 말한 바 있다. "노골적인 판단을 내리지 않으려는 나의 이런 태도가 무분별한 용서로 받아들여지지 않길 바란다. 나는 범죄자들을 한 사람도 용서하지 않았다. 지금도, 앞으로도 그 누구도 용서할 생각

아울러 아메리는 흔히 긍정적 가치로 인정받는 정신적 건강에 대해서도 의문을 표한다. 그것은 질병 자체를 (물)신화하거나 건강상태보다 더 본질적이라고 보아서가 아니라 건강과 질병 사이의 관계규명은 구체적이고 역사적 연관성 속에서만 이루어질 수 있다고 보기 때문이다. 그렇다면 민족사회주의와 관련해서는 오히려 원한이야말로 인간성의 보다 높은 차원이며, 도덕적으로나 역사적으로 건강한 올곧음이 된다.

이렇게 해서 그가 제시하는 것은 '부정 Negation'의 도덕성이다. 그것은 한편으로는 일종의 자기불신 Selbstmisstrauen으로 현실에 안주하려는 자신에 대한 부정이고, 다른 한편으로는 전후 사회의 집단적 망각에 대한 저항으로 나타난다. 원한에 대한 이 같은 그의 성찰은 유대인들에게서 흔히 볼 수 있는 과도한 비탄이나 관대한 화해의 제스처 대신 지적 공격 성향으로 나타나고, 모든 감상을 피하면서 엄격한 정신적 훈육 속에 머물고자 하는 그의 의지를 드러낸다.

2) 계몽의 언어

겉으로 드러나는 원한에 찬 수사에도 불구하고 아메리의 언

이 없다. (말로만이 아니라 행동으로, 그리고 너무 늦지 않게) 이탈리아와 외국의 파시즘이 범죄였고 잘못이었음을 인정하고, 그것들을 진심으로 비판하고 그들과 다른 사람들의 의식으로부터 그것들을 뿌리째 뽑아내지 않는 한 말이다." 프리모 레비, 앞의 책, 270쪽.

어는 근본적으로는 계몽의 언어이다.

계몽. 그것과 함께 핵심어는 말해졌다.…… 오늘날에도 여전히 사람들이 시민적인 동시에 사회주의적이라고 부를 수 있는 계몽에 봉사하기를 나는 희망한다. 여기서 물론 계몽의 의미를 방법론적으로 너무 좁게 파악해서는 안 된다. 내가 이해한 대로라면 그것은 논리적 연역이나 경험적 진리증명 이상의 것이고, 오히려 이 두 가지를 넘어 현상학적 고려, 곧 공감과 이성의 한계에 접근하기 위한 의지와 능력을 포함한다(〈1977년판 서문〉 18쪽).

그는 이로써 계몽사상에서 이미 비합리적 파국의 원천을 보고 서구의 지적 전통인 계몽의 법칙을 부정하기보다는 회복하려 한다. 이때 그가 말하는 계몽Aufklärung은 해명Abklärung이 아니다. 해명이 해결된 상황, 곧 합의Abmachung를 의미한다면, 그는 오히려 이것을 막는 것에 기여하고자 한다. "어떤 것도 해결되지 않았고, 어떤 갈등도 해소되지 않았으며, 어떤 내면화하기도 단순한 기억이 되지 않았다. 일어났던 것은 일어난 것이다. 그러나 일어났던 것을 단순히 받아들일 수는 없다. 나는 저항한다. 나의 과거에 대해, 역사에 대해 이해할 수 없는 것을 역사로 냉동시켜 버리고, 그렇게 해서 화가 치밀 정도로 왜곡시키는 현재에 대해." 그는 이를 통해 항상 희생자의 편에 그늘에 서 있는 사람들의 편에 서고자 했다.

계몽의 원칙에 입각한 그의 글쓰기는 지속적으로 '스스로에게 질문하기Selbstbefragung'나 한 치의 가감 없이 사실만을 드러내려는 그의 의도와 관련된다. 모든 허구적인 것을 포기하고 오로지 진실만을 드러내고자 하는 것, 철저히 자신의 체험과 사유에 바탕을 둔 그의 글쓰기는 그를 로베르트 무질Robert Musil이나 에른스트 블로흐Ernst Bloch와 같은 오스트리아의 위대한 에세이스트들의 대열에 서게 만든다. 그것은 풍부한 전거와 인용을 포함한 치밀하고 세부적인 것에까지 파고드는 분석적인 언어이다. 그러나 이때 무엇보다 돋보이는 것은 그의 사유가 담고 있는 타협하지 않는 진정성이다. 아메리가 1972년에 바이에른 예술원의 문학상, 1977년 함부르크 시가 수여하는 레씽상, 빈 시가 수여하는 언론출판상을 받았다는 사실이 이를 입증한다.

4. 새로운 비극

1) 이스라엘

전후 세계의 변화 추이와 더불어 아메리가 지속적인 관심을 가지고 바라보았던 것은 신생국가 이스라엘이었다. 1948년 팔레스타인 지역에 이스라엘 국가가 성립되자 그곳으로 이주한 많은 유대인과는 달리 그는 계속해서 벨기에에 머물렀다. 그가 이스라엘을 찾은 것은 1976년 강연을 위해 처음이자 마지막으로 방문한 것이 전부였다. 그러나 아메리는 이스라엘에 대한 감시의 눈을 감지 않았고, 이 정부가 비합리적이거나 국수주의적인 태도를 보일 때면 여지없이 비판을 가했다. 그는 무엇보다 이스라엘의 신정론神政論적 경향과 종교적으로 채색된 민족주의에 대해 거부감을 표했다. 그에게 이스라엘은 메시아적 약속이나 성서에 의해 영토권을 부여받은 선택된 나라가 아니며, 그 주민은 여전히 자신의 실존에 대해 불안해하는 살아남은 자들의 집합소였다.

그런데도 그는 이 국가의 존재를 전후에도 여전히 존속하는 반유대주의에서 벗어날 수 있는 마지막 가능성으로 보았다. 이스라엘이 여러 갈등 상황에도 불구하고 유대인의 새로운 공동체를 실현했고, 그로써 반유대주의자들이 가지고 있던 자의적인 상상으로부터 유대인들을 해방시켰다고 보았기 때문이다. 아울러 이스라엘의 존재는 유대 신앙이나 유대 문화와 아무런 관련이 없이 살아가는 전 세계의 유대인에게도 자존감을 되돌려 준다고 믿었다.

1973년 욤 키푸르 전쟁(제4차 중동전쟁)이 발하자 아메리는 당시에 사방에서 들려오던 반시오니즘 구호 뒤에서 여전히 숨어 있는 반유대주의를 간파한다. 그리고는 "이 나라를 둘러싸고 위험이 감지되면…… 유대적인 것을 넘어 …… 결국은 내가 유대인임이 결정적인 역할을 한다. 나는 이스라엘의 편을 든다."라며

이스라엘에 대한 자신의 결속력을 천명한다. 그는 나치 파국 이전과 마찬가지로 이후에도 유대인의 종교성이나 관습을 철저히 거부했지만, 궁극적으로는 이스라엘 사람들과 뗄 수 없이 연결되어 있다고 느꼈던 것이다.

2) 재편성되는 전후 세계에서의 낯섦

1977년 《죄와 속죄의 저편》의 개정판이 나왔을 때, 그는 서문에서 현재가 이전보다 오히려 반항할 이유가 더 많아졌다고 쓴다. "……불가해한 것을 역사적으로 냉동시켜 버리고, 그렇게 해서 화가 치밀 정도로 왜곡시킨다. 어떤 상처도 아물지 않았다. 어쩌면 1964년에 치유되려 했던 상처가 다시 곪아터지고 있다." 나치의 악몽에서 벗어나 얼마간의 희망을 가지고 바라보았던 전후 세계의 전개 양상은 그의 기대에 부합하지 않았고, 그것이 착각과 환상임을 말해 줄 뿐이었다.

특히 가해자들의 과거 행적이 문제가 될 때면 자신들은 단지 명령에 복종했을 뿐이라고 거리낌 없이 말하는 전후 독일인들의 현실에 대해 그는 분노했다. 이 '집단적 죄 Kollektivschuld'의 수사는 가해자들에게 양심의 가책을 없애주고 모든 것을 명령권을 가진 소수의 몇 사람과 명령 체계로 돌려버린다. 그러나 아메리의 지적에 따르면 제3제국에 대한 전후 독일의 이 같은 암묵적 동의는 "전쟁과 죽음으로 시달렸던 세계에 대한 전면적인 부정일 뿐 아니라 보다 나은 자신의 출신에 대한 전면적인 부정"이다. 따라서 그는 그 역사적 시간을 배제하거나 감추지 말고, 지울 수 없는 자신들의 세계이자 자신의 부정적 재산으로 간직할 것을 촉구한다.

그 이외에도 1970년대에 들어 좌파의 정체성 상실 문제, 시오니즘을 바라보는 좌파의 시각, 유럽 각국에서 새롭게 고개를 드는 반유대주의 등은 점차 나이가 들어가는 아메리를 힘들게 했다. 그가 무엇보다 좌파에 대해 실망한 것은 당대의 좌파 세력이 이른바 비합리성과 폭력물신주의Gewaltfetischismus, 비인간성과 같은 잘못된 방향으로 가고 있다고 보았기 때문이다.

나아가 유럽 각국이 유럽공동체로 결속하는 등 빠른 속도로 변해 가는 국제사회는 너무나도 빨리 과거를 정리하고 "내일은 소유럽으로, 모레는 대유럽으로, 아직은 알 수 없지만 분명 빠르게 다가오는 미래"를 추구한다. 그러나 그는 거기서 각각의 조국이 고향으로서의 성격을 잃어버린 채 거대한 제국Imperium으로 변하는 것을 우려한다. 고향과 맞바꾼 거대한 산업체의 표준화된 소비재를 통해 인식되는 그 제국에서 그는 더 이상 편안함을 느끼지 못한다.

3) 자유 죽음

아메리는 기회가 있을 때마다 방송과 신문 기고를 통해 '불편하지만, 적확한 분석'을 시도했고, 끊임없이 과거를 상기시키고 미래를 경고하는 자로 알려졌다. 그러나 전후 세계의 변화 양상 앞에서 결국은 '바람에 대고' 말하는 듯한 느낌과 함께 세계에 대한 신뢰는 점점 더 사라져 갔다. 어떤 신앙에도, 어떤 이데올로기에도 기대려 하지 않은 불가지론자였던 그는 저 세상 Jen-seits에 대한 모든 교리 또한 거부했다.[16]

1976년 그는 결국 자살을 시도했지만 실패했다. 그 경험을 토대로 쓴 것이 《자신에게 손을 대다: 자유 죽음론》이다. 이 책에서 그는 자신의 삶과 죽음에 대해 스스로 결정할 권리를 주장한다. 자유 죽음에 대한 성향은 병이 아니라 인간의 가장 본질적인 특권이라는 것이다.[17]

1978년 그는 작품 낭독회를 위해 머물고 있던 오스트리아 잘츠부르크에서 정신이 온전한 상태에서 전적으로 자의적인 죽음을 맞이했다. 마침내 인간의 권리로서의 자유 죽음을 실현한 것이다. 프랑스어와 독일어로 글을 쓰며 단호하고도 날카로운 문체로 시대의 주요 사안들을 다루면서 언론의 각광을 받던 그는 작가로서의 절정에 있을 때 스스로 죽음을 택했다.

---

16 그는 구약성서를 "인류의 가장 불행한 책"이라고 하며, 구약의 신을 잔인하고 예측할 수 없는 신이라고 부른다. 그리고 다른 곳에서는 "구약성서의 신을 받아들이는 사람은 불안과 강박 노이로제를 피할 수 없다."라고 했다. 왜냐하면 그는 선량한 신이 아니기 때문이다.

17 그는 다시 니체를 인용한다. "경멸받을 만한 조건하에서의 죽음은 부자유스러운 죽음이며, 적절치 않은 시점의 죽음은 비겁한 죽음이다. 우리는 삶에 대한 사랑으로 죽음을 다르게 원해야 한다. 자유롭고, 의식적으로, 급작스럽지 않게."

아메리와는 달리 아우슈비츠 이후에도 인생을 훨씬 더 긍정적으로 바라보는 것처럼 보였던 레비 또한 1987년 이탈리아 토리노에 있는 자신의 집에서 자살을 택했다. 아메리의 죽음에 이은 레비의 죽음은 세상에 많은 충격을 안겨 주었다. 그들이 결국 죽음을 선택했다는 사실, 이 세계를 더 이상 살 만한 가치가 있다고 여기지 않았다는 사실은 남은 사람들에게 애석하면서도 불편한 진실로 다가왔다. 과거를 잊고 오로지 미래를 향해 나아가려고 하는 사람들에게 이들의 죽음은 분명 '원치 않는unerwünscht' 것, 껄끄러운 것이었다.

5. 마치며

2012년 4월 4일, 《쥐트도이체 차이퉁Süddeutsche Zeitung》[18]에 귄터 그라스Günter Grass의 〈말해져야 하는 것Was gesagt werden muss〉이란 시가 발표되자 독일 문단을 넘어 사회 각계각층에서 즉각적인 논쟁이 벌어졌다.[19] 그라스는 이 시에서 평소 생각하고 있

---

18 남부독일신문이란 뜻으로 1945년부터 오늘까지 뮌헨에서 발간되는 전국 단위의 유력 일간지.
19 다음은 이 시의 일부이다. "……나는 저 다른 나라의 이름을 / 밝히기를 왜 거부하는가? / 비록 비밀에 부쳐졌지만 그 나라가 수년 전부터 / 증가하는 핵 잠재력을 보유하면서도 / 통제받지 않는 것은 / 그 어떤 조사도 허용되지

던 바를 작심한 듯 밝히고 있는데, 이스라엘은 자신들이 보유하고 있는 핵무기에 대해 전혀 통제를 받지 않음으로써 세계의 평화를 위협한다고 경고하면서, 이스라엘뿐 아니라 그들에게 U-보트를 제공하는 독일 정부에 대해서도 비판을 가했다. 이 시를 둘러싼 논쟁은 독일뿐 아니라 유럽 전역과 미국, 이스라엘, 심지어는 이란으로까지도 확대되었다. 1999년 노벨문학상을 수상한 바 있는 노老작가는 이로 인해 국내외적으로 엄청난 논란에 휘말렸고, 심지어는 히틀러와 비교되기도 했으며, 이스라엘 정부에 의해 이스라엘 여행을 금지당하기도 했다.

한 편의 시를 둘러싸고 일어난 이처럼 격렬한 반응은 독일이나 이스라엘, 나아가서는 미국에서도 이스라엘의 문제가 여전히 얼마나 첨예하고 민감한 사안인지를 다시금 실감하게 한다. 나아가 20세기 독일의 어두운 역사는 세기가 바뀌고 통일 독일이 유럽의 중심 국가로 다시 자리를 잡았음에도 좀처럼 지워지지 않을 것임을 예감케 한다.

나치에 의한 비극을 경험했던 세대는 이제 거의 세상을 떠났고, 통일 독일에서 그것은 역사의 한 페이지로, 혹은 박물관에 보관된 전시물로 남아 있다. 그러나 잘 보관된 전시물은 역사 그

않기 때문이지. 이 사실에 대한 전반적인 침묵에 / 나의 침묵 또한 굴복하고 / 나는 그것을 부담스러운 거짓이자 / 무시하면 곧바로 / 처벌을 가하는 강제성으로 느낀다네. / 반유대주의란 판결은 알려져 있지."

자체가 아니며, 살아 있는 역사는 오히려 그 속에서 박제화되고 전설이 된다.

작가이자 비평가로서의 아메리는 전후 사회의 변화에 대한 비판적인 관찰자의 모습을 줄곧 견지한다. 그는 전후 독일의 구체적인 역사의 전개 양상을 놓치지 않고 관찰하면서, 그들이 지워버리고 싶어 하는 과거의 기억을 들추어내며, 서구의 계몽이 가져온 파국의 끝에서 새로운 계몽을 시도했다.

▋ 장 아메리 연보

1912년   10월 31일 오스트리아 빈에서 한스 차임 마이어 Hans Chaim Mayer
          라는 이름으로 유대인 아버지와 가톨릭교도인 어머니 사이에서
          출생한다. 그의 가족은 철저히 동화된 유대인으로 가톨릭식으로
          산다. 아버지는 제1차 세계대전에서 전사, 아메리는 잘츠캄머구
          트에서 가톨릭식 교육을 받았고, 빈 대학의 모리츠 슐리크 Moritz
          Schlick에게서 철학을 공부하고, 작가로의 길을 걷는다.
1938년   오스트리아가 제3제국에 합병되자 벨기에로 망명한다.
1940년   프랑스에서 '적성 외국인'으로 체포되어 남프랑스의 귀르 수용소
          에 수감되고, 1941년 도주한다.
1943년   벨기에로 돌아와 오스트리아 자유전선이 주도하는 민족사회주의
          에 대한 저항운동에 참여한다. 반나치즘 프로파간다를 위한 전단
          지를 돌리다가 체포되어 브뤼셀 주재 게슈타포 본부가 관할하는
          생질 Saint-Gilles/Sint-Gillis 수용소에 수감되었지만, 같은 날 브렌동
          크 요새 Fort Breendonk/Derloven로 옮겨져 친위대 SS에게 심한 고문
          을 당한다. 나중에 아우슈비츠 강제수용소로, 그다음에는 부헨발
          트와 베르겐-벨젠으로 보내진다.
1945년   4월 말, 연합군에 의해 수용소들이 해방되자 벨기에로 돌아와 브

뤼셀에 살면서 스위스의 여러 독일어 신문에 기고하고, 문화부 기자로 활동한다. 그러나 그는 한동안 자신의 글이 독일에서 출판되는 것을 거부한다.

1955년　'장 아메리'라는 예명을 쓰기 시작한다('Améry'는 'Mayer'의 철자를 뒤집어 만든 것이다.)

1961년　전후시기의 파노라마를 그린《현대의 탄생: 1961년 전쟁 이후 서양 문명의 형상과 형상화Geburt der Gegenwart. Gestalten und Gestaltungen der westlichen Zivilisation seit Kriegsende》가 스위스에서 출판, 아메리는 프랑스어와 독일어 양쪽 언어를 사용하는 문화부 기자로 각광을 받는다. 이때까지 아우슈비츠에 대해서는 한마디도 하지 않는다.

1964년　헬무트 하이센뷔텔Helmut Heißenbüttel의 중개로 남南독일 방송국 Süddeutscher Rundfunk에서 라디오-에세이 프로그램을 맡는다. 그의 에세이《늙어감에 대하여Über das Altern》가 여러 편으로 나누어 남서南西 독일 방송국 Südwestfunk에서 방송된다.

1965년　〈고문Die Tortur〉을 발표한다. 〈고문〉이 메르쿠어Merkur에 처음 발표되었을 때 동시대인들은 깊은 충격을 받는다. 오스트리아 작가 잉게보르크 바흐만Ingeborg Bachmann은 그것을 자신의 단편소설 〈호수로 가는 세 갈래 길Drei Wege zum See〉을 위한 바탕으로 삼고, 테오도어 아도르노 또한 이 에세이를 알게 된다. 아도르노는 1965년 7월 15일 행한 '아우슈비츠 이후의 형이상학과 죽음Metaphysik und Tod nach Auschwitz'이란 강연과 관련하여 에른스트 피셔Ernst Fischer에게 보내는 편지에서 "나는 고문에 대한 그의 글에 깊은 인상을 받았다"라고 쓴다.

1966년　강제수용소의 체험을 기록한《죄와 속죄의 저편: 정복당한 사람의 극복을 위한 시도Jenseits von Schuld und Sühne: Bewältigungsversuche eines Überwältigten》를 출판한다. 그는 이 책에서 "고문에 시

달렸던 사람은 세상을 더 이상 고향처럼 느낄 수 없다"라고 말
한다.

1968년 《늙어감에 대하여: 저항과 체념 사이에서Über das Altern: Revolte
und Resignation》가 출판된다.

1969년 에세이 〈존경할 만한 반유대주의Der ehrbare Antisemitismus〉를 발
표한다. 이 에세이에서 1945년 이후에도 여전히 계속되는 유대
인과 이스라엘에 대한 증오의 문제를 다룬다. 프리드리히 헤어,
볼프 디터 마르슈와 함께 《도시성의 미덕에 대하여Über die Tugend
der Urbanität》를 출판한다.

1970년 독일비평가상을 수상한다.

1971년 《마이스터답지 않은 방랑 시절Unmeisterliche Wanderjahre》을 출판
한다. 이 글에서 전후에 느꼈던 충격과 지속적인 혼란에 대해 기
록한다. 《모순들Widersprüche》을 출판한다.

1973년 이링 페처와의 공저로 《이데올로기와 동기Ideologie und Motivation》
를 출판한다.

1974년 에세이 소설 《레포이 혹은 단절Lefeu oder der Abbruch》을 발표한다.

1976년 자살을 시도하고 그 경험을 바탕으로 《자신에게 손을 대다: 자유
죽음론Hand an sich Legen. Diskurs über den Freitod》을 출판한다. 이
책에서 그는 자신의 삶과 죽음에 대해 스스로 결정할 권리를 주
장한다. 그는 자유 죽음의 성향은 병이 아니라 인간의 가장 본질
적인 특권이라고 말한다.

1977년 오스트리아 빈시市가 수여하는 언론출판상과 아울러 함부르크 시
가 수여하는 레씽상을 수상한다.

1978년 《샤를 보바리, 시골 의사: 한 소박한 남자의 초상Charles Bovary,
Landarzt: Porträt eines einfachen Mannes》을 출판한다. 작품 낭독회
를 위해 묵고 있던 잘츠부르크의 한 호텔(오늘날의 자허 호텔)에
서 수면제 과다 복용으로 목숨을 끊는다. 세 통의 유언장 가운데

한 개에서 "나는 밖으로 나가는 길 위에 있다. 그것은 쉽지 않다. 그러나 그것은 하나의 구원이다"라고 쓴다. 빈의 중앙묘지(Wiener Zentralfriedhof, Gruppe 40, Nummer 132)에 세워진 묘비에는 출생과 사망 연도 옆에 아우슈비츠 수감 번호 '172364'가 기록되어 있다.

1980년   아메리가 세상을 떠난 지 2년이 되었을 때 그의 마지막 저술인 《장소Örtlichkeiten》가 출판된다. 그는 여기서 1945년 이후 이 세상을 더 이상 친숙하게 혹은 고향처럼 느낄 수 없었던 자신의 오디세우스와 같은 상황을 그린다.

1982년   아내 마리아 아메리Maria Améry가 그를 기념하여 장 아메리상Jean Améry-Preis für Essayistik을 제정한다.

1999년   로베르트 메나세Robert Menasse의 주도 아래 장 아메리 에세이상을 새롭게 제정. 이 상은 시대비판적이고, 계몽적인 에세이 분야에서 탁월한 업적을 이룬 사람에게 수여된다.

2002년   클레트-코타 출판사에 의해 전집(총 9권)이 출판된다. 이로써 작가의 진면모를 발견하는 토대가 마련된다.

2004년   이레네 하이델베르거 레오나르트Irene Heidelberger-Leonard가 쓴 아메리의 평전 《좌절 속의 저항Revolte in der Resignation》이 여러 나라에 소개되었고, 프랑스어로도 출판된다.

2008년   사망 30주년 기일에 맞춰 브뤼셀 대학에서 장 아메리 국제 콜로키움이 개최된 것을 비롯해 기존의 모습에 새로운 관점을 부여하고, 작가로서 아메리에 대한 집중적인 논의가 시작된다. 현재는 '아메리 르네상스'를 맞고 있다.

죄와 속죄의 저편

초판 1쇄 발행 | 2022년 12월 30일

지은이 | 장 아메리
옮긴이 | 안미현
펴낸이 | 이은성
기 획 | 김경수
편 집 | 김하종, 이한솔
디자인 | 최승협
펴낸곳 | 필로소픽
주 소 | 서울시 종로구 창덕궁길 29-38, 4-5층
전 화 | (02) 883-9774
팩 스 | (02) 883-3496
이메일 | philosophik@naver.com
등록번호 | 제2021-000133호

ISBN 979-11-5783-282-8 93100

필로소픽은 푸른커뮤니케이션의 출판브랜드입니다.